중국어어법

저자   한판 중국어어법교재편찬위원회
        편찬위원장   김종현
        편찬위원   黃晓颖   金晓艳   金钟贤   吴长安   王宇   周小兵
        주편   王宇
        번역   곽수경

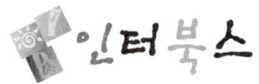

"이 책은 한판(国家汉语国际推广领导小组办公室)의 학술지원사업에 의하여 저술되었음"

머리말 ▶▶▶

　나는 어법이나 어학을 전공으로 하지 않았다. 그럼에도 불구하고 중국어를 가르친 지가 벌써 30년이 가까워진다. 그 동안 특별하게 중국어 교수법을 배운 것도 아니고, 그저 중국어를 좀 한다는 것으로 학생들에게 중국어를 가르쳐왔다. 내가 대학에서 처음으로 중국어를 접하면서 배웠던 방식으로 학생들을 가르치고, 조금 더 한 것이 있다면 내가 중국어를 배우면서 실수했던 부분을 반면교사로 삼아 학생들이 시행착오를 덜할 수 있게 해준 것 뿐이다.

　한류의 바람이 일어나면서 한국어 학습 수요가 늘어나자 대학마다 '외국인을 위한 한국어교사 양성과정'이 생겨나기 시작했다. 그러면서 외국인에게 한국어를 가르친다는 것이 한국어를 할 줄 안다고 해서 누구나 할 수 있는 일이 아니구나 하는 것을 알게 해주었다. 사실 우리 나라에서 오래 전부터 '한국어교육과'가 있긴 했지만, 전국에 한 두 곳 정도였다.

　그런데 중국에서는 상당히 오래 전부터 소위 '중문학과'와는 다른 외국인에게 중국어를 가르치는 부서가 따로 있었다. 소위 '대외한어교학'이라는 전공이 그것이다. 요즘 들어서 500여 곳의 공자학원이 전 세계에 설립되고 그 곳에 중국어 교사를 파견하다 보니 공자학원 본부에서는 중국어를 어떻게 하면 효과적으로 잘 가르칠 수 있을까 하는데 많은 공력을 투입하고 있다. 교수법과 교재의 개발이 한창인 이유이다.

　그러던 중 중국에서 어법 분야에 상당한 권위를 쌓은 주소병 교수와 어느 모임에서 이러 저러한 얘기를 나누다가 어법학자가 잘 정리한 어법 책도 좋기는 하지만, 중국어 교육 현장에서 이러저러한 시행착오를 겪으면서 정리된 어법 책이 있으면 교재로서 참 좋겠다는데 동의했다. 그러던 차에 마침 주소병 교수의 제자이기도 한 왕우 교수가 동아대학교 공자아카데미로 파견되어 왔다. 이 책은 이렇게 해서 집필되기 시작했다.

이 책은 우선 쉽게 쓰여졌다. 어법학을 본격적으로 공부하기 위한 사람들을 위한 책이 아니라, 중국어를 학습하기 위한, 중국어를 공부하면서 부딪힌 어법적인 문제에 대한 간략한 답을 주기 위한 책이기 때문이다. 그리고 외국인이 중국어를 배울 때 접하는 모국어와의 충돌 현상을 어법적으로 설명하고자 노력했다. 이 책은 그 많은 외국인 중 한국인이 중국어를 배울 때 쓰일 수 있도록 만들어졌다. 이 부분은 왕우 교수가 3년 간 한국에서 중국어를 가르치면서 겪었던 경험, 그리고 내가 근 30년 동안 이리저리 헤매다가 정리한 부분을 서로 토론을 거쳐 엮어보았다.

　많은 사람들의 경험이 녹아들어 있고, 한 사람이 집필할 수 없기에 편집위원회를 구성했다. 그리고 각자가 맡은 부분을 집필하고 예문을 작성하면서 그 예문들의 중복을 피하고, 적당한 쓰임새를 판단하기 위해서는 여러 방식으로 소통을 해야만 했다. 그럼에도 불구하고 대부분의 정리는 왕우 교수가 도맡아서 했다.

　나는 이 작업을 한판에 알리고 이 작업의 중요성을 설명하여 한판으로부터 지원을 받았다. 최대한 쉬운 어법 책을 만들어 보자는 목적이 어느 정도 달성되었는지 궁금하다. 신HSK 시험을 대비하는 사람들에게도 도움을 줘야 하지 않겠는가 하는 생각이 들어 연습문제를 만드는 작업은 나중에 덧붙였다.

　이 책이 본래의 목적대로 중국어를 배우는 사람들이 어법을 쉽게 정리하는데 도움이 되었으면 한다. 그리고 집필 과정에서 가장 많은 노고를 아끼지 않은 동북사범대학교 왕우 교수에게 감사를 표하며, 매끄럽게 번역을 맡아 준 곽수경 교수와 출판을 맡아 준 학고방 출판사에게도 다시 한 번 감사를 표하고 싶다.

김종현

이 책의 특징 ▶▶▶

첫째, 내용이 풍부하면서도 서술이 간결하다. 기존의 중국어 어법 교재들은 지나치게 상세하고 복잡해서 학습 의욕을 떨어뜨리거나 반대로 지나치게 간략하여 내용이 부실한 경우가 많다. 이 책은 이런 단점들을 보완하여 중국어의 기본 어법을 최대한 간단명료한 방식으로 다루었다.

둘째, 한국인이 학습하기에 적합하다. 이 책은 한국인 학습자를 염두에 두고 기획되었기 때문에 전체적인 구성과 내용 서술에서부터 연습문제에 이르기까지 모두 한국인에 맞게 설계되어 있다. 따라서 한국인에게 비교적 쉬운 내용은 각 장의 개요에서 간략하게 설명하고 상세한 설명은 생략했다. 반면 한국인이 의문을 가지기 쉬운 부분은 특별히 'tips'란을 두어 상세히 설명했다.

셋째, 실용적이면서도 재미있다. 책 속의 예문은 가장 전형적이면서도 실생활에서 많이 사용되는 문장들이기 때문에 예문을 통해 어법과 회화를 동시에 학습할 수 있다.

넷째, 이 책의 연습문제는 대부분 신HSK 문제유형으로 만들어졌기 때문에 어법 학습과 동시에 HSK학습을 병행할 수 있다.

〈문장성분 명칭 번역대조표〉

중국어	한국어	중국어	한국어
主语	주어	状语	부사어
谓语	술어	补语	보어
宾语	목적어	静态补语	양태보어
定语	관형어	趋向补语	방향보어

〈품사 명칭 번역대조표〉

중국어	한국어	중국어	한국어
名词	명사	方位词	방위사
动词	동사	时间词	시간사
能原动词	능원동사, 조동사	处所词	장소사
形容词	형용사	数词	수사
副词	부사	量词	양사
介词	전치사	助词	조사
代词	대명사	结构助词	구조조사
连词	접속사	叹词	감탄사

목 차

Part 01 중국어 어법 개요_11

一. 어순 ··· 13
二. 형태 변화 ··· 14
三. 보어 ··· 15
四. 전치사 ··· 17
五. 기타 ··· 18

Part 02 품 사_19

Section 1 개 요 ··· 21

Section 2 대명사 ··· 29
　一. 인칭대명사 ··· 29
　二. 지시대명사 ··· 29
　三. 의문대명사 ··· 29
　Exercises • 33

Section 3 수량사 ··· 35
　一. 수사 ··· 35
　二. 양사 ··· 38
　Exercises • 40

Section 4 능원동사 ··· 41
　Exercises • 46

Contents

Section 5 조 사 ··· 47
   一. 구조조사 ·· 47
   二. 동태조사 ·· 49
   三. 어기조사 ·· 53
  Exercises • 56

Section 6 전치사 ··· 57
  Exercises • 64

Section 7 부 사 ··· 65
  Exercises • 69

Part 03 문장 성분_71

Section 1 개 요 ··· 73
   一. 주어 ·· 73
   二. 술어 ·· 75
   三. 목적어 ·· 76

Section 2 관형어 ··· 81
   一. 종류 ·· 82
   二. '的'의 사용 ·· 84
   三. 여러 개의 관형어 ·· 89
  Exercises • 93

Section 3 부사어 ··· 95
   一. 종류 ·· 96

二. 위치 ··· 98
　　三. '地'의 사용 ··· 100
　　四. 여러 개의 부사어 ·· 101
　Exercises • 105

Section 4　보 어 ·· 107
　　一. 결과보어 ·· 107
　　二. 방향보어 ·· 113
　　三. 가능보어 ·· 119
　　四. 양태보어 ·· 121
　　五. 정도보어 ·· 123
　　六. 수량보어 ·· 124
　　七. 전치사구보어 ·· 128
　Exercises • 129

Part 04　문장 종류_131

Section 1　개 요 ·· 133
　　一. 기능적 분류 ··· 133
　　二. 구조적 분류 ··· 135

Section 2　비교문 ·· 137
　　一. '比'자문 ·· 138
　　二. 'A+跟/和/同/与+B+一樣/相同/差不多' ······································· 140
　　三. '不如'구문 ··· 141
　　四. '有'구문 ··· 142
　　五. '越来越'와 '越…, 越…' ·· 144
　Exercises • 146

Contents

Section 3　특수문형 ·· **149**
　一. 연동문 ··· 149
　二. 겸어문 ··· 151
　三. 존현문 ··· 154
　四. '把'자문 ·· 157
　五. '被'자문 ·· 160
　六. '是…的' ·· 163
　Exercises　•　166

Section 4　복 문 ··· **171**
　一. 개요 ·· 171
　二. 종류 ·· 173
　三. 긴축문 ·· 187
　Exercises　•　190

Solution　•　195

참고 문헌　•　205

01 중국어 어법 개요

- 어순 ▶
- 형태변화 ▶
- 보어 ▶
- 전치사 ▶
- 기타 ▶

한국어와 중국어는 각각 다른 언어계통에 속하기 때문에 두 언어는 차이가 매우 크다. 한국인은 중국어를 학습할 때 문화적 유사성으로 인해 다른 문화권의 학습자들보다 쉽고 빨리 체득할 수 있는 한편 모국어의 영향 때문에 많은 문제가 발생하기도 한다. 하지만 중국어의 어법적 특징에 대해 어느 정도 이해를 한다면 적은 노력으로도 큰 효과를 거둘 수 있을 것이다.

 어순

중국어 문장은 대부분 사건이 발생하는 순서대로 배열된다.
  문장의 기본성분으로는 주어, 술어, 목적어, 관형어, 부사어, 보어가 있는데, 이런 성분들은 일반적으로 '주어──술어──목적어' 순으로 배열된다. 관형어는 명사 앞, 부사어는 동사와 형용사 앞, 보어는 술어 뒤에 놓인다.
  즉 한국어의 기본어순은 '주어+목적어+술어'이지만 중국어는 '주어+술어+목적어'이다.

  (1) 我吃饭。
  (2) 나는 밥을 먹는다.

그러나 중국어에서 목적어는 문두에 두어 강조하거나 특수문형의 경우 동사 앞에 놓을 수 있기 때문에 중국어의 목적어 또한 앞에 둘 수 있다고 오해를 하는데, 이 점은 반드시 유의해야 한다.

  (1) 妈妈做的饭我都吃完了。
  (2) 我把妈妈做的饭都吃完了。

(3) 엄마가 만든 밥을 다 먹었다.

　　이처럼 중국어 문장은 융통성이 대단히 크기 때문에 반드시 여러 가지 조건에 유의해야 하는데 어순이 달라지면 의미도 달라질 수 있다. 예를 들어 '后门(뒷문)'과 '门后(문 뒤)', '上边(위쪽)'과 '边上(가장자리)'은 뜻이 다르며 "我没有什么印象(나는 어떤 인상이 없다)"와 "我什么印象也没有(나는 아무런 인상도 없다)"도 의미가 다르다.

형태 변화

　　많은 언어들이 단어의 형태변화를 광범하게 사용해서 성(性), 수(數), 격(格), 시(时), 체(体), 태(态), 식(式) 등을 표현할 수 있다. 한국어는 비록 어휘 자체는 형태 변화가 없지만 이런 의미들을 나타내는 부가성분이 존재한다. 예를 들어 과거, 현재, 미래 시제를 나타낼 때 동사와 형용사 모두 어미가 변한다. 반면 중국어는 어휘 자체의 형태가 변화하는 경우는 거의 없고 동사에 조사(着, 了, 过)를 첨가하거나 중첩(동사 중첩 등)하는 등 몇 가지 형식이 있다.

(1) I went to school.
(2) 나는 학교에 갔다.
(3) 我去学校了。

　　중국어에서는 많은 경우 이러한 변화는 절대적인 것이 아니라 융통성이 많은데, 가령 과거를 표시하는 '了'의 경우 각각의 절마다 다 '了'를 쓸 필요가 없을 때도 있으며 일부 특수문형에서도 '了'가 필요 없다.

(1) 上个星期五小明跟同学们一起去济州岛旅游<u>了</u>，他们在那儿又骑马又爬山，玩得很高兴，星期一才回来。(이 문장은 네 개의 절로 이루어져 있지만 '了'는 하나이다)
(지난 주 금요일에 샤오밍은 친구들과 함께 제주도로 여행을 갔는데 그들은 그곳에서 말도 타고 등산도 하며 아주 즐겁게 놀다가 월요일에야 돌아왔다)

(2) 他<u>是</u>昨天回来<u>的</u>。('是…的'는 돌아온 시간을 강조)
(그는 어제 돌아왔다)

중국어에서는 많은 시제가 부사나 능원동사 등을 이용해서 완성될 수 있으며 어미는 전혀 변화할 필요가 없다.

(1) 他<u>打算</u>去上海玩儿。
(그는 상하이에 놀러 갈 생각이다)

(2) 他<u>刚</u>从上海回来。
(그는 방금 상하이에서 돌아왔다)

(3) 他<u>要</u>买的书很贵。
(그가 사려고 하는 책은 매우 비싸다)

보어

한국어에는 보어라는 성분이 없기 때문에 한국인이 어렵다고 느끼는 부분이다. 중국어에서 보어란 동사나 형용사 뒤에서 동작의 결과, 방향, 정도 등을 나타내는 동사(구), 형용사(구), 부사 등의 성분을 말한다. 중국어의 보어는 구조와 의미에 따라 주로 결과보어, 방향보어, 양태보어, 정도보어, 가능보어, 수량보어, 전치사구 보어로 나뉜다.

한국인이 중국어를 학습하는 과정에서 부딪히는 문제는 언제 보어를 사용하는가이다. 특히 결과보어, 양태보어, 가능보어 등 몇 가지 보어에 대해서 '언제 사용하는가'라는 의문을 가지는데, 이것은 주로 해당 보어의 어법적 의미에 대한 이해가 부족하기 때문이다.

예를 들어 '결과보어'는 동작의 결과를 설명하는 데 사용하기 때문에 이미 발생한 동작을 나타낸다. '양태보어'는 동작 자체에 대한 묘사, 평가, 판단에 중점이 있기 때문에 일반적인 상황이나 이미 발생한 상황에 많이 사용하며 과거의 상황이라고 해도 '了'를 사용하지 않는다. '가능보어'는 동작 실현의 가능성 여부를 나타내는 데 사용하기 때문에 일반적 상황에 많이 쓰이며 부정형식이 많이 사용된다.

(1) 我吃饭完了。(×)
    我吃完饭了。(○, 결과보어)
    (나는 밥을 다 먹었다)
(2) 他今天来得很早了。(×)
    他今天来得很早。(○, 양태보어)
    (그는 오늘 매우 일찍 왔다)
(3) 这么多菜我不能吃完。(×)
    这么多菜我吃不完。(○, 가능보어)
    (이렇게 많은 음식을 나는 다 먹을 수 없다)

이 밖에 보어와 목적어의 어순, 시제, 상호간의 다른 문제 등에 대해서는 3장에서 상세히 다룰 것이다.

 전치사

전치사는 한국인에게 있어 또 하나의 난관이다. 전치사는 실질적인 의미는 없고 주로 표시하고 소개하는 역할을 한다. 전치사는 명사(구)와 대명사(구) 앞에 쓰여 '전치사구'를 만들며 문장에서 부사어가 되어 동작, 성질, 상태와 관련된 시간, 장소, 방식, 원인, 목적, 대상 등을 소개한다. 전치사의 역할은 명사와 동사 간의 배역관계를 표시하는 것인데, 예를 들어 시간과 장소를 표시하는 '在', 처치대상이자 화제를 표시하는 '把', 일반 대상을 표시하는 '对', 협동대상을 표시하는 '和', 도구를 표시하는 '用' 등이 있다.

한국인이 전치사를 사용할 때 주로 발생하는 문제는 (1)사용해야 하는데 사용하지 않거나 (2)사용하지 않아야 하는데 멋대로 사용하거나 (3)전치사구의 어순이 잘못되었거나 (4)전치사를 뒤섞어 사용하는 것 등이다.

전치사는 종류가 대단히 많고 의미가 비슷한 것도 많기 때문에 의미도 알아야 하지만 어떤 전치사를 어떤 동사와 함께 사용하는지를 아는 것이 더욱 중요하다. 함께 사용해야 하는 것을 기억해둔다면 공부하기가 훨씬 쉬우며 전치사를 뒤섞어 사용하는 오류가 감소할 것이다.

(1) 我们从8点开始上课。(从…开始)
(우리는 8시부터 수업을 시작한다)
(2) 从我家到学校要一个小时。(从A到B)
(우리 집에서 학교까지는 1시간이 걸린다)
(3) 我家离学校不太远。(A离B+远/近)
(우리 집은 학교까지 별로 멀지 않다)

많은 언어에서 전치사구는 동사 뒤에 두는 것에 반해 중국어는 비록 동사 뒤에서 전치사구보어를 구성하는 전치사가 많이 있기는 하지만 대부분의 전치사구가 동사 앞에 놓인다. 한국인들은 중국어의 전치사가 영어와 같다고 오해를 하고 문장 뒤에 두는 경우가 많다.

(1) 我吃饭在家。(×)
　　我在家吃饭。(○)
　　(나는 집에서 밥을 먹는다)

 기타

위에서는 중국어의 많은 특징 중에서도 몇 가지만을 언급했는데 사실 한국어와 중국어 사이에는 미세한 차이가 많이 있다.

가령, 중국어의 양사는 한국어보다 풍부하며 명사 앞에 놓인다.

(1) 我买了一本汉语书。
　　(나는 중국어 책을 한 권 샀다)
(2) 我有一个妹妹。
　　(나는 여동생이 한 명 있다)

또한 중국어에서는 음절도 어법형식에 영향을 줄 수 있는데, 쌍음절 단어는 뒤에도 쌍음절 단어를 요구하기 때문에 '进行查', '加以整', '互相怨'라고 할 수 없고 반드시 '进行调查(조사를 진행하다)', '加以调整(조정을 가하다)', '互相埋怨(서로 원망하다)'라고 해야 한다. 이런 현상은 서면어에서 자주 볼 수 있다.

이런 세세한 방면들은 중국어 학습 과정에서 그다지 강조되지 않지만 반드시 총체적인 법칙에 유의해야 한다.

요컨대 한국어와 중국어의 차이는 그 밖에도 아주 많지만 한국인 학습자는 한자를 알고 있다는 장점을 이용하는 한편 중국어의 특징에 주목하여 중국어 어법의 맥락을 총체적으로 파악해서 중국어 학습의 효율을 향상시켜야 한다.

02

품사

- 개요 ▸
- 대명사 ▸
- 수량사 ▸
- 능원동사 ▸
- 조사 ▸
- 전치사 ▸
- 부사 ▸

개 요

　품사는 언어에서 독립적으로 운용될 수 있는 가장 작은 단위로, 구와 문장을 구성할 수 있다. 품사의 종류는 단어의 어법적 성질에 따라 나뉜다. 중국어의 품사는 주로 단어의 어법적 기능, 즉 단어와 단어의 조합 능력에 따라서 구분된다.

　문장을 만드는 기본성분이 될 수 있는가의 여부에 따라 단어는 실사와 허사로 나뉜다. 실사는 문장을 만드는 기본성분이 될 수 있지만 허사는 그럴 수 없다. 실사는 일반적으로 명사, 동사, 형용사, 수사, 양사, 부사, 대명사 등으로, 허사는 전치사, 접속사, 조사 등으로 세분할 수 있다. 중요한 품사의 종류는 다음과 같다.

1. 명사는 사람이나 사물의 명칭, 시간, 장소, 방위를 표시한다. 명사는 일반적으로 주어나 목적어로 쓰이며 대부분 관형어로 사용될 수 있다.

    (1) 我是韩国人。我叫金大成。(이름)
    　　(나는 한국인이다. 내 이름은 김대성이다)

    (2) 昨天我去逛街了。(시간)
    　　(어제 나는 거리구경을 하러 갔다)

    (3) 我在超市买了一双鞋。(장소)
    　　(나는 슈퍼마켓에서 신발을 한 켤레 샀다)

(4) 学校的东边有一条河。(방위)

　　(학교 동쪽에 강이 하나 있다)

2. 동사는 행위나 동작, 심리활동, 혹은 사물의 존재, 소실, 변화 등을 표시할 수 있다. 동사는 술어로 사용될 수 있으며 대부분 목적어를 가질 수 있다.

　(1) 三个人都不参加明天的聚会。(동작행위)

　　(세 사람은 모두 내일 모임에 참석하지 않는다)

　(2) 我很喜欢中国文化，但是我不喜欢吃太油腻的中国菜。(심리활동)

　　(나는 중국문화를 아주 좋아하지만 너무 느끼한 중국요리는 좋아하지 않는다)

　(3) 昨天发生了一件奇怪的事。(존재)

　　(어제 이상한 일이 일어났다)

　(4) 那棵苹果树死了。(소실)

　　(그 사과나무는 죽었다)

　(5) 这件事发展得越来越严重了。(변화)

　　(이 일은 점점 심각해졌다)

　(6) 我是韩国人。(판단)

　　(나는 한국인이다)

● **Tips** ●

동사는 일반적으로 중첩할 수 있는데 시도하거나 동작이 가볍거나 시간이 짧다는 어감을 나타낸다.

　(1) 你陪我坐坐。(짧은 시간)

　　(나랑 잠시 앉아 있자)

　(2) 大家休息休息。(짧은 시간)

　　(다들 잠깐 쉬자)

　(3) 你应该多运动运动。(짧은 시간)

　　(너는 당연히 운동을 많이 해야 한다)

　(4) 他轻微地点点头。(가벼운 동작)

　　(그는 가볍게 고개를 끄덕였다)

(5) 你看看就知道什么意思了。(가벼운 동작)

(네가 보면 무슨 뜻인지 알 거야)

3. 형용사는 성질과 상태를 나타낸다. 형용사는 술어가 될 수 있고 수식을 받을 수 있으며 관형어로 사용될 수 있지만 목적어를 가질 수는 없다. 사물이나 사람의 성질을 나타내는 형용사를 성질형용사라고 하고, 사물을 묘사하거나 사람의 상태를 나타내는 형용사를 상태형용사라고 한다. 성질형용사는 대부분 정도부사의 수식을 받을 수 있지만 상태형용사는 정도부사의 수식을 받지 못한다.

(1) 我喜欢蓝天白云。(성질형용사)

(나는 푸른 하늘에 흰 구름을 좋아한다)

(2) 我有一张雪白的纸。(상태 형용사)

(나는 눈처럼 하얀 종이를 한 장 가지고 있다)

● Tips ●

형용사 역시 중첩할 수 있는데 이 경우에는 형용사가 나타내는 정도가 심해지거나 강해진다. 형용사의 중첩형식은 여러 가지가 있는데, 자주 볼 수 있는 형식으로는 두 글자 중첩형식, 세 글자 중첩형식, 네 글자 중첩형식이 있다.

A. 두 글자 중첩형식(AA식): AA식은 단독으로 사용될 수 없고 뒤에 부가성분이 있어야 한다. 가장 많이 사용되는 부가성분으로는 '的'와 '儿'이 있다.

(1) 白白的 (AA+的)

(새하얗다)

(2) 臭臭的 (AA+的)

(매우 구리다)

(3) 慢慢儿 (AA+儿)
   (매우 느리다)

(4) 饱饱儿 (AA+儿)
   (무척 배가 부르다)

B. 세 글자 중첩형식: AAB식과 ABB식이 있다. 이 형식은 비교적 광범위하게 적용되어 성질형용사와 상태형용사 모두 가능하다.

(1) 喷喷香 (AAB식)
   (향기가 매우 짙다)

(2) 嗖嗖跑 (AAB식)
   (빨리 달리다)

(3) 空荡荡 (ABB식)
   (텅 비다)

(4) 黑漆漆 (ABB식)
   (칠흑처럼 어둡다)

C. 네 글자 중첩형식: AABB식과 ABAB식이 있다. AABB식은 대부분 두 음절로 된 성질형용사를 중첩한 경우이고 ABAB식은 대부분 두 음절로 된 상태형용사를 중첩한 경우이다.

(1) 清清楚楚 (AABB식)
   (매우 뚜렷하다)

(2) 高高兴兴 (AABB식)
   (매우 기쁘다)

(3) 雪白雪白 (ABAB식)
   (눈처럼 희다)

(4) 笔直笔直 (ABAB식)
   (붓대처럼 매우 곧다)

4. 대명사는 명사를 대신하거나 가리키는 역할을 하는데 그 역할에 따라 인칭대명사, 지시대명사, 의문대명사로 나눌 수 있다.

(1) 我喜欢她，可是她不喜欢我。(인칭대명사)

(나는 그녀를 좋아하지만 그녀는 나를 좋아하지 않는다)

(2) 我来过这儿。(지시대명사)

(나는 이곳에 와 본 적이 있다)

(3) 你每天怎么去学校？(의문대명사)

(너는 매일 어떻게 학교에 가니?)

5. 수량사는 수사와 양사를 가리킨다. 수사는 수의 크기와 순서를 나타내고 양사는 계산의 단위를 나타낸다.

(1) 一加二等于三。(수사)

(1더하기 2는 3이다)

(2) 我考了第一！(수사)

(나는 시험에서 1등을 했어!)

(3) 一套茶具常常有一把茶壶，四只茶杯。(양사)

(다기 한 세트는 종종 차 주전자 하나와 찻잔 네 개로 구성된다)

(4) 我去过两次中国。(양사)

(나는 중국에 두 번 가보았다)

● **Tips** ●

중국어에서는 반드시 '수사+양사'의 어순으로 써야 한다. 수량사구는 문장에서 부사어, 관형어, 보어 등이 된다.

(1) 他一口把药吃了下去。(부사어)

(그는 한 입에 약을 먹었다)

(2) 这一首优美的歌曲吸引了我。(관형어)

(이 아름다운 노래가 나를 매료시켰다)

(3) 我读了三遍才读懂。(보어)

(나는 세 번을 읽고서야 비로소 이해했다)

6. 부사는 일반적으로 동사나 형용사를 수식하거나 제한하며 정도, 범위, 시간, 빈도, 어기, 부정 등의 의미를 나타낸다.

   (1) 这种苹果最好吃。(정도)
       (이런 종류의 사과가 제일 맛있다)
   (2) 咱们班所有人都去。(범위)
       (우리반은 모든 사람이 다 간다)
   (3) 妈妈已经去超市了。(시간)
       (엄마는 이미 슈퍼마켓에 가셨다)
   (4) 晚上我常常去跑步。(빈도)
       (저녁에 나는 종종 달리기를 하러 간다)
   (5) 我猜对了，他果然没写作业。(어기)
       (내가 알아맞췄는데, 그는 과연 숙제를 하지 않았다)
   (6) 别问我，我不知道。(부정)
       (나한테 묻지 마. 나는 몰라)

7. 전치사는 실질적인 의미를 가지고 있지 않다. 주로 어떤 것을 표시하거나 소개하는 역할을 한다. 전치사는 주로 명사(구)와 대명사(구) 앞에 쓰여 '전치사구'를 이룬다. 문장에서는 부사어가 되어 동작, 성질, 상태와 관련된 시간, 장소, 방식, 원인, 목적, 대상 등을 소개한다.

   (1) 从昨天到现在我一直不舒服。(시간)
       (어제부터 지금까지 나는 줄곧 몸이 안 좋다)
   (2) 书在桌子上。(장소)
       (책은 책상 위에 있다)
   (3) 通过努力学习，哥哥终于考上了大学。(방식)
       (열심히 공부해서 형은 마침내 대학에 합격했다)
   (4) 由于睡懒觉，我迟到了。(원인)
       (늦잠을 잤기 때문에 나는 지각을 했다)
   (5) 为了找到好工作，我努力学习汉语。(목적)
       (좋은 일을 찾기 위해 나는 중국어를 열심히 공부한다)
   (6) 爸爸跟我说一定要认真学习。(대상)
       (아버지께서 내게 반드시 열심히 공부해야 한다고 말씀하셨다)

8. 접속사는 실질적 의미는 가지고 있지 않다. 주로 연결하는 역할을 하며 단어, 구, 절과 문장을 연결하는데 사용한다. 접속사는 병렬, 전환, 선택, 점층, 인과, 조건 등의 관계를 나타낼 수 있다.

   (1) 我和大成是最好的朋友。(병렬)
       (나와 대성은 가장 좋은 친구다)
   (2) 虽然很累，但是我一定要去上课。(전환)
       (비록 피곤하지만 나는 반드시 수업에 갈 것이다)
   (3) 你要么在家里休息，要么去医院看病。(선택)
       (너는 집에서 쉬든지 병원에 가서 진찰받든지 해라)
   (4) 今天不但下雨，而且刮大风。(점층)
       (오늘은 비가 올 뿐 아니라 바람도 많이 분다)
   (5) 因为我坚持跑步，所以身体很好。(인과)
       (나는 달리기를 계속하고 있기 때문에 아주 건강하다)
   (6) 只有认真学习，才能考上有名的大学。(조건)
       (열심히 공부해야지만 명문대에 합격할 수 있다)

9. 조사는 실질적 의미는 갖고 있지 않으며 일반적으로 단독으로 사용될 수 없다. 어법적 역할이 있어야지만, 즉 반드시 실사, 구, 문장 뒤에 결합되어야지만 구조적 관계나 동태 등의 어법적 의미를 나타낼 수 있다. 구조조사, 동태조사, 어기조사로 나눌 수 있다.

   (1) 可爱的小狗慢慢地跑了。(구조조사)
       (귀여운 강아지가 천천히 달렸다)
   (2) 他穿着一件白衬衫，背着一只旅行包。(동태조사)
       (그는 흰 셔츠를 입고 등에 여행가방을 매고 있다)
   (3) A : 你去过上海吗?
          (상하이에 가 봤니?)
       B : 没呢。我打算明年暑假去。(어기조사)
          (아니. 나는 내년 여름 휴가 때 가볼 생각이야)

10. 의성어는 소리를 모방한 단어이다.

 (1) 小狗汪汪叫，小猫喵喵叫。(부사어)

 (강아지는 멍멍 짖고 고양이는 야옹야옹 운다)

 (2) "啪"的一声，铅笔掉了。(부사어)

 ('툭'하며 연필이 떨어졌다)

 (3) 电脑坏了，一会儿嗡一下，一会儿嗡一下。(술어)

 (컴퓨터가 고장이 나서 '웅'하는 소리가 났다가 말았다가 한다.

11. 감탄사는 감탄, 응답, 부름을 표시하는 단어이다.

 (1) 唉，我又没考及格。(감탄)

 (어휴, 난 또 불합격했어)

 (2) 啊，我在这儿呢！(응답)

 (응, 나 여기 있어)

 (3) 哎哎，你在干什么呢？(부름)

 (어이, 뭐하고 있니?)

대명사

대명사는 명사를 대신하거나 가리키는 역할을 한다. 인칭대명사, 지시대명사, 의문대명사가 있다.

(一) 인칭대명사

일 인 칭	我, 我们, 咱们
이 인 칭	你, 您, 你们
삼 인 칭	他, 她, 它, 他(她/它)们
기 타	自己, 别人, 人家, 大家, 大伙

(二) 지시대명사

	일반 명사	장소 명사	시간 명사	동사, 형용사	부사
가까울 때	这	这儿, 这里	这会儿	这样	这么
멀 때	那	那儿, 那里	那会儿	那样	那么

(三) 의문대명사

일반명사	장소명사	시간명사	동사, 형용사	부사	수사, 양사
谁, 什么, 哪	哪儿, 哪里	多会儿	怎样, 怎么, 怎么样	多	几, 多少

1. '~们'

복수를 만드는 '们'은 다른 단어와 조합하여 복수의 의미를 나타낸다.
'们'은 일반적으로 아래의 두 가지 단어 뒤에 붙는다.

A. 인칭대명사 你, 我, 他, 她, 它 뒤에 붙어 你们, 我们, 他们, 她们, 它们 으로 만든다.

 (1) 我是韩国人，我们全班同学都是韩国人。
   (나는 한국인이고 우리 반 학생들 모두 한국인이다)

 (2) 他们是大学生，我们是研究生，他们和我们不一样。
   (그들은 대학생이고 우리는 대학원생이다. 그들은 우리와 다르다)

B. 사람을 가리키는 명사 뒤에 붙어 비슷하거나 같은 부류의 사람들을 총체적으로 가리킨다.

 (1) 女士们，先生们，同志们，朋友们，大家好！
   (숙녀분들, 신사분들, 동료 여러분, 친구 여러분, 다들 안녕하세요?)

 (2) 儿童节这天孩子们最快乐。
   (어린이날에는 아이들이 가장 즐거워한다)

C. '们'은 일반적으로 동물이나 기타 명사 뒤에는 붙을 수 없다.

 (1) 我家附近有一群小狗们。(×)
   (우리 집 부근에 강아지들 한 무리가 있다)

 (2) 每天上学我都要带很多东西：书们、笔们、本子们。(×)
   (매일 등교할 때 나는 많은 물건을 가지고 가야 한다. 책들, 펜들, 노트들)

D. 명사 앞에 수량사가 올 경우 명사 뒤에 일반적으로 '们'을 붙이지 못한다.

  教室里有三个学生们。(×)
   (교실에 학생 세 명이 있다)

2. '咱们'과 '我们'

인칭대명사 '咱们'과 '我们'은 약간 차이가 있다. '咱们'은 화자와 청자를 모두 포함하는 반면, '我们'은 종종 화자만을 가리키며 청자를 포함하지 않는다.

 (1) 我们先走了，咱们明天见吧。(→ 화자와 화자의 동료는 가고 화자와

청자는 내일 만난다는 의미)
(우리 먼저 갈게, 내일 보자!)

　(2) 上个周末我们去公园了，下个周末咱们去海边吧。(→ 화자와 화자의 동료는 이미 공원에 갔었으며 화자와 청자는 해변에 갈 것이라는 의미)
(지난 주말에 우리는 공원에 갔었어. 다음 주말에 우리 해변에 가자!)

3. 人家

인칭대명사 '人家'는 다양한 의미로 사용될 수 있으므로 주의해야 한다.

A. '自己'와 상대되는 의미로 '別人'의 의미를 가지며 화자와 청자를 제외한 사람을 광범위하게 가리킬 수 있다.

　(1) 这几篇作文，一篇是我写的，其他几篇都是人家写的。
(이 작문들 중에서 한 편은 내가 쓴 것이고, 그 밖의 것들은 모두 다른 사람이 쓴 것이다)

　(2) 这可不是我的衣服，这是人家的。
(이것은 내 옷이 아니고 다른 사람 것이다)

B. '他', '他们'이라는 의미로 화자와 청자를 제외한 사람을 가리키며 앞 문장에서 이미 언급된 적이 있다.

　(1) 既然他给你打了好几遍电话了，你就应该给人家回一个。
(이왕 그가 너에게 몇 번씩이나 전화를 했으니 너도 그 사람에게 전화를 한 번은 해줘야지)

　(2) 她那么喜欢你，你应该对人家礼貌一点。
(그녀가 너를 그렇게 좋아하는데 너는 당연히 그녀에게 약간의 예의는 갖춰야지)

C. '我'라는 의미를 가지며 화자 자신을 가리킨다. 약간 불만스러운 감정이 있을 때 사용한다.

　　人家天天学习，累死了，你也不关心一下。
(나는 매일 공부하느라 피곤해 죽겠는데 너는 조금도 관심이 없구나)

4. 의문문이 아닌 문장에서의 의문대명사

의문대명사는 의문문을 만드는 것 외에도 다음과 같은 용법이 있다.

A. 반문을 표시한다. 반어문은 형식적으로 긍정일 때는 부정의 의미를 나타

내고 부정일 때는 긍정의 의미를 나타낸다.

(1) 谁说我不喜欢学习？(=我喜欢学习。)
　　(누가 내가 공부하는 게 싫대? =공부하는 것이 좋다)

(2) 哪儿有这样的好事？(=没有这样的好事。)
　　(어디에 이렇게 좋은 일이 있겠어? = 이렇게 좋은 일은 없다)

B. 불특정한 사람이나 일, 방식 등 나타낸다.

a. 의문대명사가 모든 것, 예외 없음을 의미하며 형식은 '의문대명사 + 都/也 + 동사'이다.

(1) 无论对谁，她都非常热情。
　　(누구에게든지간에 그녀는 매우 친절하다)

(2) 小孩子对什么都感兴趣。
　　(어린 아이는 무엇에든지 다 흥미를 느낀다)

b. 한 문장에서 동일한 의문대명사를 중복해서 특정한 사물을 가리킨다.

(1) 你想怎么去就怎么去。(选最喜欢的方式)
　　(네가 가고 싶은대로 가라= 가장 좋아하는 방식을 선택한다)

(2) 喜欢去哪儿就去哪儿。(去最喜欢的地方)
　　(가고 싶은 곳으로 간다= 가장 좋아하는 곳으로 간다)

(3) 什么好吃我吃什么。(吃最好吃的东西)
　　(나는 맛있는 것을 먹는다= 가장 맛있는 것을 먹는다)

(4) 谁跑得快谁去。(选最快的人)
　　(빨리 달리는 사람이 간다= 가장 빠른 사람을 선택한다)

(5) 谁的汉语说得好就把这本书送给谁。(选说的最好的人)
　　(중국어를 잘하는 사람에게 이 책을 주겠다=가장 잘하는 사람을 선택한다)

(6) 哪儿的风景好咱们就去哪儿。(选风景最好的地方)
　　(우리는 경치가 좋은 곳으로 간다.=가장 경치가 좋은 곳을 선택한다)

Exercises

一. 틀린 곳을 고치세요.

1. 我是韩国人，我全班同学都是韩国人。
2. 你是哪儿国人？
3. 谁相信他说的话啊？哪儿有好事？
4. 我吃什么好吃。

二. 빈 칸을 채우세요.

| A.这么 | B.怎么 | C.人家 | D.那 | E.什么 |

1. (　　)天我在火车站看见他了。
2. 我说了他好几次，可是(　　)不听，我有(　　)办法？
3. 一个韩国人的汉语说得(　　)好。
4. 我们去喝咖啡，(　　)样？

三. 문장을 완성하세요.

1. 最, 什么地方, 好吃, 的, 苹果
2. 的, 行李, 哪儿, 了, 他们, 放在
3. 想, 谁, 去, 谁, 去
4. 不, 想, 我, 吃, 现在, 什么, 也

수량사

수량사는 수사와 양사를 가리킨다. 반드시 '수사+양사'의 어순으로 사용해야 한다. 중국어에서 양사는 종류가 매우 많고 특징이 강하므로 주의해야 한다.

 수사

수사는 수의 크기나 순서를 나타내며 기수사와 서수사가 있다.

1. 기수사는 수의 크기를 나타낸다.

    (1) 一加二等于三。
    (1더하기 2는 3이다)

    (2) 我们学校一共有一千三百六十一名同学。
    (우리 학교에는 모두 1,361명의 학생이 있다)

2. 서수사는 순서를 나타낸다. 형식은 '第+수사'이다.

    (1) 这次汉语大赛我得了第一!

(이번 중국어대회에서 내가 1등을 했어!)

(2) 上次考试我是全班第五，这次考试我是第三。

(지난 번 시험에서 나는 반에서 5등을 했는데 이번 시험에는 3등을 했다)

● **Tips** ●

숫자 읽기

1. 1에서 100까지

一，二，三，四……十，十一，十二……二十，二十一，二十二……九十九，一百

2. 100 이상

一百零一(101), 一百零二(102)……一百一十一(111)……九百九十九(999), 一千(1,000), 一千零一(1,001), 一千零一十(1,010), 一千一百(1,100), 一千二百一十(1,210), 一万(10,000), 一万零一(10,001), 两万零一百(20,100)

▶ 주의 ◀

(1) 2는 100 앞에서는 '两'으로 읽어도 되고 '二'로 읽어도 된다. 일 단위와 십 단위의 2는 '二'로 읽어야 한다.

(2) 숫자 중간에 0이 있는 경우 중간에 0이 몇 개든지간에 한번만 읽는다.
一百零一(101), 一千零一(1,001), 一万零一(10,001)

(3) 백 단위 뒤의 십 단위에 있는 '十'는 반드시 '一十'로 읽어야 한다.
(예:310➔三百一十)

3. '二'과 '两'

'二'과 '两'은 둘 다 2를 나타낸다.

A. 번호를 말할 때는 '二'이라고 한다.(예: 202房间 ➔二零二房间)

B. 수를 나타낼 때는 일반적으로 '二'이라고 읽는다.(예: 一, 二, 三, 第二名) 일 단위와 십 단위의 2는 '二'이라고 읽는다.(예: 22→二十二)

C. 양사 앞에서는 '两'이라고 읽는다.(예: 两个人, 两年, 两斤苹果) '两'이 중국의 전통 단위로 사용될 경우 '两'에는 앞에 '二'을 쓴다. '两两桔子(두 냥의 오렌지)'라고 하지 않는다.

4. '几'와 '多少'

'几'와 '多少'는 둘 다 번호나 수량을 물을 때 사용할 수 있다. 일반적으로 10 이하의 수량은 '几'를 쓰고 10이상은 '多少'를 쓴다.

(1) 我有五支笔。→ 你有几支笔?
   (나는 펜이 다섯 자루 있다 → 너는 펜이 몇 자루 있니?)
(2) 大成买一双新鞋花了八十元。→ 大成买新鞋花了多少钱?
   (대성은 신발 한 켤레를 사는데 팔십 위안을 썼다 → 대성은 신발을 사는데 얼마를 썼니?)

5. 개수의 표시

정확한 수량을 말할 필요가 없거나 정확한 수량을 모를 때 개수를 사용하여 개략적인 범위를 나타낼 수 있다. 표시하는 방법은 다음과 같다.

A. '多'를 사용한다.
(1) '수사+양사+多' : 이때 수사는 0으로 끝나서는 안 되고 쪼갤 수 있는 명사여야 한다.
   5块多钱(5위안 조금 넘는 돈), 36个多小时(36시간 조금 넘는 시간), 45斤多西瓜
   (45근 조금 넘는 수박)
(2) '수사+多+양사' : 수사는 0으로 끝나고 쪼갤 수 있는 명사여야 한다.
   40多个小时(사십여 시간), 500多块钱(오백여 위안)

주의 ▶

'10'의 경우에는 위의 두 가지 형식을 모두 쓸수 있지만 의미는 차이가 있다.
10个多小时(10〈x〈11)

(열 시간+…분)

10多个小时(10<x<20)

(열 몇 시간)

(3) '수사+多+양사' : 이때는 수사가 0으로 끝나고 쪼갤 수 없는 명사여야 한다.

30多个人(삼십여 명), 80多个学生(팔십여 명의 학생)

B. '几'를 사용한다. 일 단위에 '几'를 쓰며 뒤에 양사를 쓴다.

十几岁(열몇 살), 五十几块钱(오십여 위안), 几个中国人(몇 명의 중국인)

C. 연이어 있는 두 개의 숫자를 사용한다.

两三分钟(이삼 분), 五六天(오륙 일), 七八百人(칠팔백 명)

D. '左右'를 사용한다. '左右'를 수량사 뒤에 써서 어떤 수치와 비슷함을 나타낸다.

两个小时左右(두 시간 가량), 一米八左右(일 미터 팔십 가량), 六十岁左右(육십 세 가량)

 양사

계산의 단위를 나타내며 명량사와 동량사가 있다.

(1) 爸爸有一套漂亮的茶具，一共有一把茶壶，四只茶杯。(명량사)

(아버지께는 예쁜 다기가 한 세트 있는데, 모두 주전자 하나와 찻잔 네 개로 이루어져 있다)

(2) 我曾经去过中国三次，次次都很难忘。(동량사)

(나는 일찍이 중국에 세 번 가봤는데 매번 잊을 수가 없다)

1. 양사의 중첩

    단음절 양사는 대부분 중첩할 수 있다. 명량사의 중첩은 대부분 '매~' '~마다'라는 뜻을 가진다.

    (1) 人人都夸大成是个好孩子。(한 사람 한 사람 모두)
    (사람들은 모두 대성을 좋은 아이라고 칭찬한다)

    (2) 爸爸太忙了，一年365天，几乎天天都没空儿。(하루 하루 모두)
    (아버지는 너무 바쁘셔서 일년 삼백육십오일 거의 매일 시간이 없다)

2. 상용 양사표

	양사	수식 받는 명사
1.사람	个, 位	人(사람), 小孩(아이), 女孩(여자아이), 男孩(남자아이), 画家(화가), 司机(택시기사), 工人(노동자), 农民(농민), 朋友(친구), 同学(동문), 老师(선생), 客人(손님)
	条	好汉(대장부)
2.동물	只	狗(강아지), 鸟(새), 猴子(원숭이), 鸡(닭), 大象(코끼리), 羊(양), 猫(고양이), 老鼠(쥐), 蝴蝶(나비), 虫(벌레)
	匹	马(말)
	头	羊(양), 驴(당나귀), 骡(노새), 猪(돼지)
	条	蛇(뱀), 鱼(물고기), 虫(벌레)
3.식물	棵	树(나무), 白杨(백양나무), 草(풀), 松(소나무)
	株	水稻(벼)
4.과일	个	苹果(사과), 橘子(귤), 柿子(감), 梨(배), 李子(자두)
	串	葡萄(포도)
	根	香蕉(바나나)
5.식기류	根/双	筷子(젓가락)
	把	叉子(포크), 汤匙(숟가락), 刀(칼)
6.가전제품	台	电视机(텔레비전), 电冰箱(냉장고), 电脑(컴퓨터)
7.가구	张	床(침대), 桌子(탁자)
	把	椅子(의자)
8.의복류	件	衣服(옷), 衬衫(셔츠), T恤(티셔츠), 上衣(상의), 大衣(코트)
	条	裤子(바지), 领带(넥타이), 腰带(허리띠), 围巾(스카프)
	只/双	鞋(신발), 袜子(양말), 手套(장갑)

Exercises

一. 틀린 곳을 고치세요.

1. 我妈妈今年四十岁多。
2. 昨天我买了两两桔子。
3. 我来中国已经两个多年了。
4. 买火车票花了四十五多块。
5. 打工的时候我很累，天都很辛苦。

二. 빈 칸을 채우세요.

| A.多 | B.家 | C.个 | D.两 | E.左右 |

1. 在我们学校学习汉语的人有二百(　　)。
2. 我学习汉语已经差不多两年(　　)了。
3. 姐姐说她一顿能吃二(　　)米饭。
4. 这里几乎家(　　)都有汽车。
5. 去年我刚到中国的时候一(　　)人也不认识。

三. 문장을 완성하세요.

1. 花了, 买, 这, 多少钱, 你, 新毛衣, 件
2. 你, 个, 两, 我, 等了, 三, 小时
3. 有, 几, 你, 朋友, 个, 中国
4. 汉字, 有, 三千五百, 大概, 个, 常用的, 左右
5. 大楼, 有, 三百, 多, 这, 座, 个, 房间

Section 4

능원동사

능원동사는 조동사라고 부르기도 하는데 보조적 성질을 지닌 동사를 가리킨다. 주관적 바람이나 객관적 가능성, 혹은 필요성 등을 나타낸다.

능원동사는 일반적으로 다른 동사 앞에 위치하며 수식하고 보조하는 역할을 한다. 의미에 따라 크게 다음과 같이 세 가지로 나눌 수 있다.

주관적 바람	要, 想, 愿意, 肯, 敢
필　　요	应, 该, 应该, 应当, 要, 必须, 得
가　　능	能, 能够, 可能, 会, 可以

(1) 今年暑假我很想去中国旅行。(주관적 바람)
　　(올해 여름방학 때 나는 정말 중국으로 여행을 가고 싶다)

(2) 每一个学生都应该好好学习。(필요)
　　(학생들은 모두 열심히 공부해야 한다)

(3) 明天很可能下大雨。(가능)
　　(내일은 분명 비가 많이 내릴 것이다)

1. 능원동사와 일반동사

    A. '要'나 '会'와 같은 일부 조동사는 일반동사로 사용할 수도 있고 능원동사로 사용할 수도 있다. 일반동사로 사용될 때는 구체적인 행위동작의 의미를 갖지만 능원동사로 사용될 때는 구체적인 동작을 나타내지 않는다.

	뒤에 연결되는 문장성분	의 미	
		要	会
일반동사	목적어	어떤 사물을 얻고 싶다 我要一瓶啤酒，不要可乐。 (나는 맥주를 원하지, 콜라를 원하지 않는다)	익숙하다. 잘 알고 있다. 我会韩语，也会汉语。 (나는 한국어를 잘하고 중국어도 잘한다)
능원동사	술어	어떤 일을 하려는 의지 我不想踢足球，我要打篮球 (나는 축구를 하고 싶지 않고 농구를 할 것이다)	학습을 통해서 어떤 능력을 갖춤 我会做中国菜。 (나는 중국요리를 할 수 있다) 어떤 가능성. 종종 발생하지 않은 일을 가리킴. 我一定会努力的。 (나는 반드시 열심히 할 것이다)

    B. 일반동사 뒤에는 동태조사 '着', '了', '过'가 올 수 있지만 능원동사 뒤에는 동태조사가 올 수 없다.

    (1) 昨天在酒吧我要了两瓶啤酒。(○)
        (어제 술집에서 나는 맥주 두 병을 주문했다)
    (2) 这道题我终于会了。(○)
        (이 문제를 나는 마침내 풀었다)
    (3) 我愿意了和我的男朋友结婚。(×)
        (나는 내 남자친구와 결혼하기를 원했다)
    (4) 去年我很想过去上海看一看。(×)
        (작년에 나는 상하이에 무척 가보고 싶었다)

2. 想과 要

    '想'과 '要'는 둘 다 바람을 나타내지만 '想'은 마음속의 바람이나 희망을 강조하고 '要'는 하고자 하는 의지와 계획을 강조한다.

'要'는 '想'보다 어감이 강하기 때문에 앞에 '一定'을 첨가하거나 '非+要……不可'의 형식을 써서 강조할 수 있다. '想'은 어감이 강하지 않기 때문에 '一定'으로 강조할 수 없는 대신 '很', '非常' 등과 같은 정도부사의 수식을 받을 수 있다.

 (1) 我一定要回家。(○)

   (나는 반드시 집으로 돌아갈 것이다)

   我一定想回家。(×)

   (나는 반드시 집으로 돌아가고 싶다)

 (2) 他非常要去北京看一看。(×)

   (그는 매우 베이징에 가볼 것이다)

   他非常想去北京看一看。(○)

   (그는 매우 베이징에 가보고 싶다)

그밖에 '要'는 객관적인 요구, 도리나 사실상의 필요를 나타낼 수 있지만 '想'은 그럴 수 없다.

  为了学好汉语，你要多听多说。(○)

  (중국어를 제대로 배우기 위해서는 너는 많이 듣고 많이 말해야 한다)

  为了学好汉语，你想多说多听。(×)

  (중국어를 제대로 배우기 위해서 너는 많이 듣고 말하고 싶다)

3. 能과 会

A. '会'는 학습을 한 후에 어떤 능력을 가지게 되었음을 나타낸다.

 (1) 我会说汉语，还会说英语。

   (나는 중국어를 할 수 있고 영어도 할 수 있다)

 (2) 我练习了一个月以后会开车了。

   (나는 한 달간 연습을 하고난 후에 운전을 할 수 있게 되었다)

B. '能'은 주관적으로 어떤 능력을 가지고 있거나 객관적으로 어떤 조건을 갖추고 있음을 나타낸다.

(1) 我家现在停水了，我不能做菜。
(우리 집은 지금 물이 나오지 않아서 요리를 할 수 없다)

(2) 我的自行车丢了，所以我现在不能骑车去上学。
(자전거를 잃어버려서 나는 지금 자전거를 타고 등교할 수 없다)

(3) 你十分钟能打多少字？(○)
(너는 십 분 동안에 타자를 몇 타를 칠 수 있니?)
你十分钟会打多少字？(×)

C. '能'과 '会'는 모두 가능성을 나타낼 수 있다.

(1) 明天能/会下雨吗？
(내일 비가 내릴까?)

(2) 那位明星能/会来参加晚会吗？
(그 스타가 파티에 참석할까?)

(3) 老师相信你能/会学好汉语。
(선생님은 네가 중국어를 잘 배울 수 있을 거라고 믿는다)

D. '能'은 어떤 일에 대한 동의나 허가를 나타낼 수 있지만 '会'는 안 된다.

(1) 老师，能不能问一个问题？(○)
(선생님, 질문 해도 될까요?)
老师，会不会问一个问题？(×)

(2) 喝酒以后千万不能开车啊！(○)
(술을 마신 후에는 절대로 운전을 해서는 안 된다)
喝酒以后千万不会开车啊！(×)

4. 能과 可以

A. 다양한 가능성이 있음을 표현할 때는 '可以'만 쓸 수 있고 '能'은 쓸 수 없다.

(1) 我觉得你可以走路，也可以坐公交车。(○)
(나는 네가 걸어 가도 되고 버스를 타고 가도 된다고 생각한다.)

(2) 我觉得你能走路，也能坐公交车。(×)

B. 허가를 구할 때는 '可以'를 자주 사용하는데 비교적 예의를 갖춘 어감을

나타낸다. 대답이 긍정적일 때는 주로 '可以'라고 하고 부정적일 때는 '不行' 이라고 한다.

   (1) A：对不起，老师，我可以去一下洗手间吗?
        (죄송하지만 선생님, 화장실 좀 가도 될까요?)

        B：现在不行。
        (지금은 안 돼)

   (2) A：你好，我可以问你一个问题吗?
        (안녕하세요. 하나만 물어봐도 될까요?)

        B：可以，请问吧。
        (괜찮아요. 물어보세요)

C. 허가를 나타낼 때 긍정문에서는 '能'과 '可以' 둘 다 사용할 수 있지만 부정문에서는 주로 '能'을 사용하며 '可以'는 잘 사용하지 않는다.

   (1) 小孩子不能说谎。
        (어린아이는 거짓말을 해서는 안 된다)

   (2) 这里不能吸烟。
        (이곳에서는 담배를 피우면 안 된다)

Exercises

一. 틀린 곳을 고치세요.

1. 我愿意了和我的男朋友结婚。
2. 你十分钟会打多少字?
3. 喝酒以后千万不会开车啊!
4. 为了学好汉语,你想多说多听。
5. 我觉得你能走路,也能坐公交车。

二. 빈 칸을 채우세요.

| A.会 | B.可能 | C.必须 | D.能 | E.应该 |

1. 如果你不回家的话,你(　　)给你妈妈打个电话,让她别担心。
2. 他(　　)生病了,所以一直没有来上课。
3. 明天(　　)下雪吗?
4. 请问我(　　)去一下洗手间吗?
5. 因为你的身体很不好,医生说你(　　)坚持锻炼身体,保持健康。

三. 문장을 완성하세요.

1. 应该, 孩子, 认真, 父母, 教育
2. 考试, 能, 毕业, 不及格, 就, 不
3. 你, 能, 喝, 饮料, 必须, 先, 交钱, 才
4. 天气, 穿, 很冷, 所以, 厚一点的, 要, 衣服
5. 用汉语, 唱唱, 你, 这, 首, 一定, 歌, 要

조사

조사는 실질적 의미가 없으며 일반적으로 단독으로 사용할 수 없다. 오직 어법적 역할이 있어야지만, 즉 실사, 구, 문장과 결합해야지만 구조적 관계나 동태와 같은 어법적 의미를 나타낼 수 있다. 기능에 따라 다음의 세 가지로 나눌 수 있다.

구조조사	的, 地, 得
동태조사	着, 了, 过, 来着
어기조사	的, 了, 吗, 呢, 吧, 啊, 嘛

 구조조사

구조조사는 단어들간의 구조적 관계를 나타낸다. 관형어와 중심어 사이에는 '的'를 사용하고 부사어와 중심어 사이에는 '地'를 사용하며 중심어와 보어 사이에는 '得'를 사용한다.

구조조사		예
관형어+…	的	(1) 她的女朋友是位非常漂亮的女孩。 (그녀의 여자친구는 매우 예쁜 여자다) (2) 这是一条可爱的小狗。 (이것은 귀여운 강아지다)
부사어+…	地	(1) 宝宝高兴地笑。 (아기가 즐겁게 웃는다) (2) 小狗大声地叫。 (강아지가 크게 짖는다)
…+보어	得	(1) 每一位同学都学得很认真。 (모든 학생들이 매우 진지하게 공부한다.) (2) 小狗吃得好香啊！ (강아지가 아주 맛있게 먹는구나!)

> **Tips**
>
> - '的'자구
>
> 조사 '的'는 명사와 대명사, 동사, 형용사, 주술구 뒤에 놓여 '的'자구를 이루며 '的'자구의 기능은 명사와 같다. '的'자구는 명확한 구별성이 있어서 다른 사물과 구별하는 데 사용한다.
>
> (1) 这本书是大成的，不是张红的。(명사+的)
> (이 책은 대성의 것이지 장홍의 것이 아니다)
>
> (2) 这件漂亮的毛衣是谁的？ ——是我的！(대명사+的)
> (이 예쁜 스웨터는 누구 거야? ——내 것이야!)
>
> (3) 她的手机是新的，特别好看。(형용사+的)
> (그녀의 핸드폰은 새 것인데 유달리 예쁘다)
>
> (4) 商店里的东西可多了，吃的、喝的、穿的、用的……什么都有。
> (동사+的)
> (상점에 물건이 정말 많다. 먹는 것, 마시는 것, 입는 것, 쓰는 것……무엇이든지 다 있다)
>
> (5) 说起泡菜呀，还是妈妈做的最棒！(주술구+的)
> (김치로 말하자면, 아무래도 어머니가 만든 것이 최고다)

 # 동태조사

　동태조사는 동사나 형용사 뒤에서 동작이나 성질, 상태가 변화과정 중의 어떤 단계에 있는가를 나타낸다. '着'는 동작이 진행되고 있거나 상태가 지속되고 있음을 나타내고 '了'는 동작이 이미 사실이 되었음을 나타내며 '过'는 일찍이 그런 동작이 발생했었음을 나타낸다.

(一) 着

의 미	형 식	예 문
1. 동작의 진행	(正 / 在 / 正在)+동사+着	我正听着音乐呢 (나는 음악을 듣고 있다)
2. 상태의 지속	동사/형용사+着	教室里的灯一直亮着。 (교실 등이 계속 켜져 있다)
3. 존재문에 사용. 어떤 물체에 대해 동작을 한 후 그 물체가 어떤 상태에 처해 있는지를 표시	명사(장소)+동사+着+명사	黑板上写着字。 (칠판에 글자가 씌여있다) 门口围着很多人。 (입구가 많은 사람들에게 둘러싸여 있다)
4. 연동문에 사용	동사1+着+동사2	동사1이 동사2를 동반해서 발생하며 동사2의 방식이나 상태이다. (1)他听着音乐画画儿。 (그는 음악을 들으면서 그림을 그린다) (2)我喜欢看着电视吃饭。 (나는 텔레비전을 보면서 밥 먹는 것을 좋아한다) 동사1은 동사2의 수단이며 동사2는 목적이나 원인이다. (1)妹妹哭着要吃糖。 (여동생은 사탕을 먹으려고 운다) (2)孩子叫着想去玩儿。 (아이는 나가 놀고 싶어서 고함을 지른다)

의 미	형 식		예 문
	동사₁+着+ 동사₂ 동사₁着+ 동사₂	동사₁이 진행되는 중에 동사₂가 출현한다. 동사₁은 이 때문에 중단된다.	(1)有时候她想着想着就哭了起来。 (어떤 때는 그녀는 생각하다 생각하다 울어버린다) (2)他说着说着停了下来。 (그는 말을 하다가 하다가 중단했다)

(二) 了

동사 뒤에 동태조사 '了'가 오면 동작이 완성, 실현되었음을 나타낸다. 형식은 '동사+了+목적어'이다.

1. '동사+了+수량사+목적어'

   (1) 我喝了一杯咖啡。

      (나는 커피를 한 잔 마셨다)

   (2) 我吃了一个面包。

      (나는 빵 하나를 먹었다)

   (3) 我买了很多水果。

      (나는 많은 과일을 샀다)

2. '동사+了+목적어'. 목적어 앞에 수량사가 없는 이런 형태는 일반적으로 대부분 뒤에 후속구가 이어진다.

   (1) 我们吃了饭，又开始工作。

      (우리는 밥을 먹고 다시 일을 시작했다)

   (2) 我买了咖啡，打算买面包。

      (나는 커피를 샀고 빵을 살 생각이다)

3. 부정형식은 '没有+동사'이며 동사 뒤에 '了'를 쓰지 않는다.

   (1) A : 电影开始了没有？

      (영화 시작했니?)

      B : 没有。

      (아니)

4. 의문형식은 '~了没有?', '~了吗?', '동사+没+동사'이다.

   (1) 你写作业了没有?

   　　(숙제했니?)

   (2) 演出结束了吗?

   　　(공연 끝났니?)

   (3) 你吃没吃饭?

   　　(밥 먹었니?)

● Tips ●

동사 뒤에 동태조사 '了'를 쓰지 않는 경우

1. 동사가 여러 번 반복되는 행위를 나타내고 문장에 '每天', '常常', '经常', '一般' 등의 단어가 있을 때

   (1) 我每天早上六点起床。(O)

   　　(나는 매일 아침 여섯 시에 일어난다)

   　　我每天早上六点起床了。(×)

   (2) 以前我常常去公园。(O)

   　　(이전에 나는 종종 공원에 갔다)

   　　以前我常常去了公园。(×)

2. 동사가 심리활동을 나타낼 때 종종 절이나 동사구가 목적어가 된다.

   (1) 他发现那天的考试有问题。(O)

   　　(그는 그 날의 시험에 문제가 있다는 것을 발견했다)

   　　他发现了那天的考试有问题。(×)

   (2) 以前我知道中国这句俗语的意思。(O)

   　　(이전에 나는 중국의 이 속담의 의미를 알았다)

   　　以前我知道了中国这句俗语的意思。(×)

   (3) 我喜欢这本书。(O)

   　　(나는 이 책을 좋아한다)

   　　我喜欢了这本书。(×)

3. 동사가 부사어 '才', '刚', '刚刚'의 수식을 받을 때

(1) 昨天我十二点才睡觉。(〇)
　　(어제 나는 열두 시가 되어서야 잠을 잤다)
　　昨天我十二点才睡觉了。(×)

(2) 老师刚走。(〇)
　　(선생님이 방금 가셨다)
　　老师刚走了。(×)

(三) 过

의미	형식	예문
1. 동작이 끝났음	동사+过 어기조사 '了'와 함께 쓸 수 있다.	我吃过晚饭去找你。 (저녁 먹고 너한테 갈게) 我去过超市了。 (나는 슈퍼마켓에 갔었다)
	부정형식 : (还)没+동사	我还没去超市。 (나는 아직 슈퍼마켓에 안 갔다)
2. 과거에 경험했지만 지금은 더 이상 하지 않음	(曾经)+동사+过	我曾经去过中国。 (나는 일찍이 중국에 간 적이 있다) 我学过汉语。 (나는 중국어를 배운 적이 있다)
	부정형식 : 没(有)+동사+过	我没去过中国的南方。 (나는 중국의 남방에 가본 적이 없다)
3. 이전의 상태를 나타내며 현재와 비교함	(과거의 시간)+형용사+过	以前我胖过。现在瘦多了。 (이전에 나는 뚱뚱했었다. 지금은 많이 야위었다)
	부정형식 : 没(有)+(这么)형용사+过	北京从来没有这么热过。 (베이징은 여태까지 이렇게 더웠던 적이 없다)

# 어기조사

어기조사는 문장 끝에서 여러 가지 어기를 나타낸다.

유형	조사	기능	예문
1. 진술	的	상황을 강조하며 어감을 강화	我会好好学习的。 (나는 열심히 공부할 것이다)
	了	과거에 일이 발생했음을 표시(문장에 시간사가 있다)	周末我去书店买书了。 (주말에 나는 책을 사러 서점에 갔다)
		새로운 상황의 출현을 표시(문장에 시간사가 없다)	车来了。 (차가 왔다)
	吧	멈춤을 표시	他这个人吧，总是马马虎虎的。 (그 사람은 말이야. 항상 대충대충이야)
		권유나 위로를 표시	放心吧，我一定努力。 (안심해. 나는 반드시 열심히 할 테니)
	呢	일깨움, 긍정을 표시	孩子正在睡觉呢。 (아이들이 자고 있잖아) 别着急，还早呢。 (서두르지 마. 아직 안 늦었어)
	啊	멈춤을 표시	这几天啊，天天下雨。 (요며칠 말이야. 매일 비가 내려)
		열거를 표시	周末应该轻松一下，游泳啊、散步啊、看书啊等等 (주말에는 당연히 기분전환을 해야지. 수영이며 산책이며 독서 같은 것들을 하면서 말이야)
2. 의문	吗	의문을 표시	你吃早饭了吗？ (아침밥 먹었니?)
		반어를 표시	这不是苹果吗？ (이것은 사과가 아니니?)
		의문사를 사용한 의문문, 선택의문문, 정반의문문에는 '吗'를 붙이지 않는다.	他去哪儿了吗？(×) (그는 어디에 갔니?)

유형	조사	기능	예문
	呢	의문을 표시. 의문사를 사용한 의문문, 선택의문문, 정반의문문 끝에 주로 사용	你现在干什么呢? (지금 뭐하고 있니?)
		반어를 표시	谁不想好好休息一下呢? (누가 푹 쉬고 싶지 않겠니?)
	吧	의문문이 아닌 문장 끝에서 추측의 어감을 표시	你是韩国人吧? (당신은 한국인이지요?)
		의문사를 사용한 의문문이나 정반의문문 끝. 어감이 비교적 강하며 상대에게 즉시 결정할 것을 요구	你说说这样做好不好吧。 (이렇게 하면 좋을지 안좋을지 말해봐)
	啊	의문사를 사용한 의문문 끝에 사용	学校什么时候开学啊? (학교는 언제 개학하니?)
		정반의문문 끝에 사용	他是不是生气了啊? (그는 화났니?)
3. 명령	了	저지, 금지를 표시 '别', '不要'와 함께 사용해야 한다.	别抽烟了! (담배 피우지 마!) 不要说话了! 开始上课。 (그만 말해! 수업 시작하자)
	吧	건의, 상의를 표시	周末我们去逛街吧! (주말에 우리 윈도우쇼핑 가자!)
		저지나 금지를 나타내 명령문에서는 쓸 수 없다.	别大声说话吧! (×) (큰소리로 말하지 마!)
	啊	'吧'보다 명령의 어감이 강하다.	你快说啊! (빨리 말해!)
4. 감탄	啊	감탄문 끝에 사용	山上的风景真美啊! (산 위의 풍경이 정말 아름답구나!)

> **Tips**

과거를 표시하는 것 이외의 '了'의 용법

1. 동작의 지속을 나타낸다.

    (1) 我学了五年汉语了。(아직 공부하고 있음)

    (나는 5년째 중국어를 공부하고 있다)

    (2) 这本书我看了三天了。(아직 보고 있음)

    (이 책을 나는 사흘째 보고 있다)

2. 곧 발생하려는 변화를 나타낸다. 일반적으로 '要……了', '快……了', '快要……了'의 형식을 사용한다.

    (1) 快要上课了，我要走了。

    (곧 수업이 시작될 것이라서 나는 가야겠다)

    (2) 快下雨了。

    (곧 비가 오겠다)

3. 변화가 발생했음을 나타낸다.

    (1) 他帅了。

    (그는 멋있어졌다)

    (2) 我没钱了。

    (나는 돈을 다 써서 없다)

Exercises

一. 틀린 곳을 고치세요.

1. 我喜欢了这本书。
2. 我没去了中国的南方。
3. 别大声说话吧!
4. 教室里的灯一直亮。
5. 他去哪儿了吗?

二. 빈 칸을 채우세요.

| A.呢 | B.过 | C.吧 | D.了 | E.的 |

1. 我是去年夏天坐飞机来北京(　　)。
2. 你说，明天的天气会不会变晴(　　)?
3. 下课了，咱们一起去吃饭(　　)!
4. 他从来没有认真学习(　　)，考试当然考不好(　　)。

三. 문장을 완성하세요.

1. 就是, 我的男朋友, 旁边, 喝汽水儿的, 那个, 正在
2. 非常, 金大成, 汉语, 得, 的, 流利, 说
3. 了, 已经, 我, 好几次, 丢, 手机, 过
4. 四, 两, 昨天, 我, 饺子, 吃, 了
5. 一个, 他, 已经, 这件衣服, 了, 星期, 穿, 了

Section 6 전치사

전치사는 실질적인 의미는 없고, 주로 어떤 것을 표시하거나 소개하는 역할을 한다. 즉 명사, 명사구, 대명사, 대명사구 앞에 쓰여 '전치사구'를 구성한다. 문장에서 주로 부사어로 쓰이며 동작, 성질, 상태와 관련된 시간, 장소, 방식, 원인, 목적, 범위, 대상 등을 소개한다.

(1) 昨天晚上我从六点到十二点一直在忙。(시간)
　　(어제 저녁에 나는 여섯 시부터 열두 시까지 줄곧 바빴다)

(2) 从学校到我家走路大概需要十分钟。(장소)
　　(학교에서 우리 집까지는 걸어서 약 10분 걸린다)

(3) 中国人习惯用筷子吃饭。(방식)
　　(중국인은 젓가락으로 밥을 먹는 데 익숙하다)

(4) 因为下大雪我们不能去爬山了。(원인)
　　(눈이 많이 내렸기 때문에 우리는 등산을 갈 수 없게 되었다)

(5) 为了通过汉语考试我一定要认真复习。(목적)
　　(중국어 시험을 통과하기 위해 나는 반드시 열심히 복습을 할 것이다)

(6) 我去过中国，我对中国的印象很好，对于我来说，那次旅行是一次美好的回忆。(대상)
　　(나는 중국에 가 본 적이 있는데 중국에 대한 인상이 아주 좋았다. 나에게는 그 여행이 아름다운 추억이다)

상용 전치사표

유 형	전치사	기 능	예 문
시간을 표시	从	동작이 시작된 시간을 표시	我们从8点开始上课。 (우리는 여덟 시부터 수업을 시작한다)
	自	동작이 시작된 시간을 표시(문어체에 많이 사용)	自学习汉语以来，我已经认识很多中国朋友了。 (중국어를 배운 후로 나는 이미 많은 중국친구를 알게 되었다)
	自从	동작이 시작된 시간을 표시	自从买了词典，我学汉语就快多了。 (사전을 산후로 나는 중국어를 공부하는 속도가 훨씬 빨라졌다)
	由	동작이 시작된 시간을 표시(문어체에 많이 사용)	这次经济危机由2008年开始。 (이번 경제위기는 2008년부터 시작되었다)
	打	동작이 시작된 시간을 표시(구어체에 많이 사용)	我和他打小就认识。 (나와 그는 어려서부터 알았다)
	在	동작이 발생한 시간을 표시	在下雨的时候我常常听优美的音乐。 (비가 내릴 때 나는 종종 아름다운 음악을 듣는다)
	当	동작이 처한 시간을 표시	当遇到困难的时候不要害怕。 (어려움에 부딪혔을 때 두려워하지 말아라)
장소와 방향을 표시	在	동작이 일어난 장소를 표시	我常常在图书馆学习。 (나는 종종 도서관에서 공부한다)
	于	동작이 일어난 장소를 표시(문어체에 많이 사용)	他生于中国，死于韩国。 (그는 중국에서 태어나서 한국에서 죽었다)
	从	동작이 시작된 장소를 표시	我们是从北京坐飞机到首尔的。 (우리는 베이징에서 비행기를 타고 서울에 왔다)
		동작이 통과한 장소를 표시	他从后门走了。 (그는 뒷문으로 나갔다)
	由	동작이 시작된 장소를 표시 (문어체에 많이 사용)	一辆汽车由北向南驶来。 (차 한 대가 북쪽에서 남쪽으로 달려왔다)
	朝	동작이 마주하는 방향을 표시	她朝我眨眨眼睛。 (그는 나에게 윙크를 했다.)
	向	동작의 방향을 표시	这次我要向大家证明我是对的。 (이번에 나는 모두에게 내가 옳다는 것을 증명하려고 한다)
	往	동작의 방향을 표시	我往家带了很多纪念品。 (나는 집으로 아주 많은 기념품을 가져갔다)

유형	전치사	기능	예문
	沿着	동작이 경과하는 장소, 노선을 표시	沿着这条路一直走就到了。 (이 길을 따라서 쭉 가면 도착한다)
	到	동작의 종점을 표시	暑假我们到海边玩。 (여름방학에 우리는 해변에 놀러 간다)
원인, 목적을 표시	因为	원인을 표시	因为他不去，我也不去。 (그가 안 가기 때문에 나도 안 간다)
	由于	원인을 표시	由于你的帮助，我的汉语进步很大。 (네 도움 덕분에 내 중국어가 많이 발전했다)
	为	원인을 표시	大家都为你担心呢。 (모두들 너 때문에 걱정하고 있다)
		목적을 표시	为找好工作，他决定学汉语。 (좋은 직업을 찾기 위해 그는 중국어를 공부하기로 결정했다)
	为了	목적을 표시	为了考上好大学，我得上辅导班。 (좋은 대학에 합격하기 위해 나는 학원에 가야 한다)
방법, 근거를 표시	根据	어떤 일을 근거로 함을 표시(뒤에는 2음절 명사만 연결)	根据学校安排，我们九月一日开学。 (학교 일정에 따라 우리는 9월 1일 개학한다)
	按照	어떤 규정, 조건, 기준을 준수함을 표시	按照老师的要求，我们应该做练习。 (선생님의 요구에 따라 우리는 연습문제를 풀어야 한다)
	通过	동작의 매개체와 수단을 표시	通过这次考试，我发现了自己的缺点。 (이번 시험을 통해 나는 나 자신의 결점을 발견했다)
	用	방법, 도구를 표시	用自己的眼睛看，用自己的大脑想。 (자신의 눈으로 보고 자신의 머리로 생각한다)
대상을 표시	对	동작의 대상이나 관련자를 표시	老师对每一个学生都很负责。 (선생님은 학생 개개인에 대해 책임감을 가진다)
	对于	동작의 대상이나 관련자를 표시	对于每一个问题都要认真考虑。 (문제 하나하나에 대해 진지하게 고려해야 한다)
	关于	관련된 일을 표시	关于这件事，你要好好想一想。 (이 일에 관해서 너는 잘 생각해봐야 한다)
	和	동작을 함께 하는 대상을 표시	我和朋友一起聊天。 (나는 친구와 함께 수다를 떨었다.)
	跟	동작을 함께 하는 대상을 표시(대상은 사람만 가능하며 구어체에 많이 사용)	你最好跟你爸爸妈妈商量一下。 (너는 아빠 엄마와 상의해보는 것이 가장 좋다)

유형	전치사	기능	예문
	同(与)	동작을 함께 하는 대상을 표시(문어체에 많이 사용)	校长和我们一同前往中国参观。 (교장선생님은 우리와 함께 중국에 참관하러 가신다)
	把	동작의 대상을 표시	请把门打开。 (문을 열어 주세요.)
	将	동작의 대상을 표시 (문어체에 많이 사용)	将你的想法告诉我吧。 (네 생각을 나에게 말해줘)
	被	동작의 주체를 표시	我的自行车被人偷了。 (내 자전거를 다른 사람이 훔쳐갔다)
	叫(让)	동작의 주체를 표시 (구어체에 많이 사용)	电脑叫弟弟弄坏了。 (컴퓨터를 동생이 고장냈다)
	比	비교의 대상을 표시	我哥哥比我大三岁。 (우리 형은 나보다 세 살 많다)

1. '对'와 '对于'

'对'와 '对于'는 모두 대상을 표시한다. '对于'를 사용하는 전치사구는 일반적으로 '对'로 바꿀 수 있다. '对于'는 문어체에서 주로 쓰이며 보다 격식을 갖춘 어감을 가진다. '对'와 '对于'의 차이는 다음과 같다.

A. '对'는 동작의 대상을 표시하는 데 사용할 수 있지만 '对于'는 그럴 수 없다.

   (1) 老师对我笑了笑。(○)

   (선생님은 나에게 웃어 보였다)

   老师对于我笑了笑。(×)

   (2) 他对我大发脾气。(○)

   (그는 나에게 심하게 성질을 부렸다)

   他对于我大发脾气。(×)

B. '对于'는 대상을 표시할 때 사물이나 동작만 가능하며 사람과 관련된 대상은 표시할 수 없다.

   (1) 父母不能对孩子太严厉了。(○)

   (부모님은 아이에게 지나치게 엄격해서는 안 된다)

父母不能对于孩子太严厉了。(×)

 (2) 你不能这样对她。(○)
   (너는 이렇게 그녀를 대하면 안 된다)
   你不能这样对于她。(×)

C. 일상회화에서는 '对'가 '对于'보다 많이 사용된다.

2. '关于'와 '对于'

 A. 두 단어는 기능에 있어 차이가 있다. '关于'의 목적어는 관련된 범위를 나타내지만 '对于'는 동작의 대상을 나타낸다.

 (1) 关于这个成语，有一个美丽的故事。
   (이 성어에 관해 아름다운 이야기가 하나 있다)
 (2) 对于这个成语，你应该会说会用。
   (이 성어에 대해서 너는 말도 할 줄 알고 쓸 줄도 알아야 한다)

B. 만약 목적어가 동작에 관련된 범위이면서 동작의 대상이기도 하다면 '关于'와 '对于'는 모두 사용할 수 있다.

C. '关于'는 항상 문두, 즉 주어 앞에 온다. 그러나 '对于'는 주어 앞에 와도 되고 뒤에 와도 된다.

 (1) 关于周末的足球比赛，大家都很感兴趣。(○)
   对于周末的足球比赛，大家都很感兴趣。(○)
   (주말 축구 시합에 다들 관심이 많다)
 (2) 大家关于周末的足球比赛都很感兴趣。(×)
   大家对于周末的足球比赛都很感兴趣。(○)

3. '从'과 '离'

'从'은 주로 공간이나 시간의 출발점을 나타낸다. 그러나 '离'는 주로 공간이나 시간의 양쪽 거리나 격차를 나타내는데 사용된다. '从'은 주로 '从…到…'의 형식으로 사용되고, '离'는 'A离B'의 형식으로 사용된다.

(1) 北京离首尔不太远，有1106公里。
    (베이징은 서울에서 그다지 멀지 않다. 1106km이다)

(2) 那件事离现在有五年了。
    (그 일은 지금으로부터 5년이 되었다)

(3) 离上课还有5分钟。
    (수업까지는 아직 5분 남았다)

(4) 从北京到上海坐火车差不多要十个小时。
    (베이징에서 상하이까지 기차를 타면 거의 10시간이 걸린다)

(5) 那件事从发生到现在有五年了。
    (그 일은 발생한 때로부터 지금까지 5년이 되었다)

4. '朝', '向', '往'

이들은 모두 동작의 방향을 나타내는데, 차이점은 다음과 같다.

	朝	向	往
1. 어떤 방향을 마주하고 이동	○	○	○
2. 마주하는 것만 표시하고 이동은 표시하지 않음	○	○	×
3. 이동만 표시하고 마주하는 것은 표시하지 않음	×	×	○
4. 동사 뒤에 사용	×	○	×
5. 뒤에 오는 목적어	사람, 사물, 장소를 나타내는 단어	사람, 사물, 장소를 나타내는 단어	방위, 장소를 나타내는 단어

(1) 朝前一直走就到了。(○)
    (앞으로 곧바로 가면 도착한다)
    向前一直走就到了。(○)
    往前一直走就到了。(○)

(2) 学校大门朝东开。(○)
    (학교 정문은 동쪽으로 나 있다)
    学校大门向东开。(○)
    学校大门往东开。(×)

(3) 我想朝韩国寄信包裹。(×)

   (나는 한국으로 편지와 소포를 부치고 싶다)

   我想向韩国寄信包裹。(×)

   我想往韩国寄信包裹。(○)

(4) 秋天到了，大雁飞朝南方。(×)

   (가을이 되니 기러기가 남쪽으로 날아간다)

   秋天到了，大雁飞向南方。(○)

   秋天到了，大雁飞往南方。(×)

(5) 请大家朝老师看！(○)

   (여러분, 선생님을 보세요)

   请大家向老师看！(○)

   请大家往老师看！(×)

Exercises

一. 틀린 곳을 고치세요.

1. 老师对于我笑了笑。
2. 大家关于周末的足球比赛都很感兴趣。
3. 我想朝韩国寄信包裹。
4. 我从老师学习汉语。
5. 那件事从现在有五年了。

二. 빈 칸을 채우세요.

| A.对 | B.给 | C.向 | D.把 | E.对于 |

1. 这件事(　)我难住了。
2. (　)这个问题，我要认真考虑一下。
3. 父母应该(　)自己的孩子负责。
4. 中国菜(　)我留下了非常特别的印象。
5. 我代表所有学生(　)您表示感谢！

三. 문장을 완성하세요.

1. 喜欢, 从前的故事, 爷爷, 给, 我, 讲
2. 北京, 一起, 住, 去年, 跟, 一个朋友, 我, 在
3. 这个方法, 对, 很大的帮助, 我的学习, 起, 了
4. 很, 对, 中国的茶, 我, 感兴趣
5. 快乐的事, 是, 说, 学汉语, 一件, 来, 对, 我

Section 7 부사

부사는 일반적으로 동사와 형용사를 수식하고 제한하며 정도, 범위, 시간, 빈도, 어기, 부정 등의 의미를 표시한다.

(1) 这里的风景真美啊！(정도)
   (이 곳은 풍경이 정말 아름답구나!)

(2) 暑假快要到了，我太高兴了。(시간, 정도)
   (곧 여름방학이라 정말 기쁘다)

(3) 我们班一共有24名同学，我们都喜欢学习汉语。(범위)
   (우리 반에는 모두 24명의 학생이 있는데 다들 중국어 공부를 좋아한다)

(4) 我说汉语时常常忘了汉语的声调。(빈도)
   (나는 중국어를 말할 때 종종 중국어의 성조를 잊어버린다)

(5) 不用担心，我没忘。(부정)
   (걱정할 필요없어, 안 잊어버렸어)

(6) 怪不得你迟到了，原来你的自行车竟然坏了。(어기)
   (어쩐지 네가 지각을 했더라니, 자전거가 고장이 났었구나)

1. '也'와 '都'

    A. 최저한도를 나타내는 부정문에서 '都'와 '也'를 모두 사용할 수 있다.

    　　我一本词典都/也没有。
    　　　　(나는 사전이 한 권도 없다)

    B. 의문대명사를 사용해서 불특정한 대상을 표시하는 긍정문에서는 '都'만 사용할 수 있고 '也'는 사용할 수 없다.

    　　只要是中国歌曲，我什么都喜欢听。(○)
    　　　　(중국노래라면 나는 무엇이든지 다 듣기 좋아한다)
    　　只要是中国歌曲，我什么也喜欢听。(×)

    C. 긍정문에서 총량을 명확하게 표시하는 단어가 있는 경우에는 '都'를 쓰며 '也'는 쓰지 않는다.

    (1) 星期天我休息，什么时间也能去。(×)

    　　星期天我休息，什么时间都能去。(○)
    　　　　(일요일에 쉬기 때문에 언제든지 갈 수 있다)

    (2) 放心吧，所有的功课也做好了。(×)

    　　放心吧，所有的功课都做好了。(○)
    　　　　(안심해. 모든 숙제를 다 했어)

2. '不'와 '没'

    '不'는 주관적인 의지, 바람을 나타내는 데 쓰며 과거, 현재, 미래를 가리킬 수 있다. '没'는 객관적 서술에 쓰며 과거와 현재를 가리킬 수 있지만 미래는 가리킬 수 없다.

    (1) 今天我感冒了，没去上课。
    　　　　(오늘 나는 감기에 걸려서 학교에 가지 않았다)

    (2) 我的头很疼，打算明天不去上课，去医院看病。
    　　　　(나는 머리가 너무 아파서 내일 수업에 가지 않고 병원에 진찰을 받으러 갈 생각이다)

    (3) 昨天我打工很累，没休息，第二天不上课。(×)

    　　昨天我打工很累，没休息，第二天没上课。(○)
    　　　　(어제 아르바이트가 너무 피곤했는데 쉬지를 못해서 다음날 수업에 가지 않았다)

3. '就'와 '才'

시간을 나타내는 '就'와 '才'는 주로 시간사와 함께 사용한다. '就'와 '才'는 서로 반대되는 의미를 나타낸다.

A. 시간사+就/才

'就'는 화자가 느끼기에 동작이 일찍 발생했거나 진행이 빠르거나 사용된 시간이 적음을 나타낸다. 반면 '才'는 화자가 느끼기에 동작이 늦게 발생했거나 진행이 느리거나 사용한 시간이 많음을 나타낸다.

(1) 早上五点我就起床了，我的同屋七点才起床。
    (새벽 다섯 시에 나는 벌써 일어났지만 룸메이트는 일곱 시가 되어서야 겨우 일어났다)

(2) 今天的作业大成用半个小时就写完了，可是我用了两个小时才写完。
    (오늘 숙제를 대성은 반 시간만에 다 했지만 나는 두 시간이 걸려서야 겨우 다 했다)

B. 就/才+시간사

'就'는 화자가 느끼기에 동작이 늦게 발생했음을 나타내며 '才'는 동작이 일찍 발생했음을 나타낸다.

(1) 我们9点上课，我到教室的时候才7点半。
    (우리는 아홉 시에 수업을 하는데 내가 교실에 도착했을 때는 겨우 일곱 시 반이었다)

(2) 今天我迟到了，到教室的时候就9点半了。
    (오늘 나는 지각을 했는데 교실에 도착했을 때는 벌써 아홉 시 반이었다)

4. '刚'과 '刚才'

A. '刚'은 부사이다. 문장에서 부사어로 사용되며 동작이나 상황이 말하기 바로 얼마 전에 발생했음을 나타낸다. '刚'은 주어 뒤, 술어 앞에만 올 수 있다.

(1) 我刚吃完晚饭。(○)
    (나는 막 저녁식사를 마쳤다)
    刚我吃完晚饭。(×)

B. '刚才'는 시간명사로, 말하기 바로 얼마 전의 시점을 나타낸다. '刚才'는 주어 앞이나 뒤, 술어 앞에 올 수 있다.

(1) 刚才我跟他说的话，他一会儿就忘了。(○)
    (방금 내가 그에게 한 말을 그는 금방 잊어버렸다)

(2) 我刚才跟他说的话，他一会儿就忘了。(○)

5. '真'과 '很'

'真'이 술어 앞에서 정도가 높음을 나타낼 때는 '很'과 같으며 둘 다 부사이다.

    (1) 这个饭店的环境真不错。(○)
        (이 호텔은 환경이 정말 좋다)
        这个饭店的环境很不错。(○)

    (2) 你弟弟真聪明！(○)
        (네 동생은 정말 총명하다)
        你弟弟很聪明！(○)

그러나 형용사를 수식할 때는 '真'과 '很'은 용법과 의미상으로 차이가 있다.

A. '很+형용사'는 관형어와 부사어로 사용할 수 있지만 '真+형용사'는 그럴 수 없다.

    (1) 他的女朋友是个很漂亮的姑娘。(○)
        (그의 여자친구는 아주 아름다운 아가씨다)
        他的女朋友是个真漂亮的姑娘。(×)

    (2) 我很不高兴地走了。(○)
        (나는 아주 좋지 않은 기분으로 갔다)
        我真不高兴地走了。(×)

B. '真'은 화자의 비교적 강렬한 감정을 나타내지만 '很'은 그렇게 강렬한 감정적 색채는 없다.

    (1) 他真努力！(감정이 더 강렬)
        (그는 정말 열심이야!)
    (2) 他很努力。
        (그는 매우 열심이다)

Exercises

一. 틀린 곳을 고치세요.

    1. 今天的作业不多，我一会儿才把作业写完了。
    2. 他的女朋友是个真漂亮的姑娘。
    3. 刚我跟她说的话，她一会儿就忘了。
    4. 我刚才来一会儿。

二. 빈 칸을 채우세요.

| A.再 | B.不 | C.才 | D.没 | E.又 |

    1. 今天我们(　　)去那家火锅店了。
    2. 你说什么？请你(　　)说一遍。
    3. 北京他好像(　　)去过。
    4. 我刚来到中国的时候，谁也(　　)认识。
    5. 我一直等了十分钟，我的女朋友(　　)来。

三. 문장을 완성하세요.

    1. 已经，太，该，时间，回家，了，晚了，我
    2. 什么，我，吃，都，没关系
    3. 在，一直，汉语，长春，他，学
    4. 也，我，去，那里，再，不
    5. 下雨，我们，就，如果，不，去公园，明天，了

03 문장 성분

개요 ▶
관형어 ▶
부사어 ▶
보어 ▶

개 요

문장성분은 주로 주어, 술어, 목적어, 관형어, 부사어, 보어의 여섯 부분으로 구성된다. 여기에서는 주어, 술어, 목적어에 대해 개괄적으로 설명하고 관형어, 부사어, 보어는 뒤에 각각의 독립된 절을 두어 자세히 설명할 것이다.

 주어

주어는 일반적으로 서술되고 묘사되는 대상이다. 대부분 '谁', '什么' 등으로 질문할 수 있다. 일반적인 실사는 모두 주어가 될 수 있다.

1. 명사, 대명사, 명사구는 주어가 될 수 있다.
    (1) 上海很漂亮。
        (상하이는 매우 아름답다)
    (2) 我是老师。
        (나는 선생이다)
    (3) 谁教你们写汉字?
        (누가 너희에게 한자 쓰기를 가르쳤니?)

(4) **那栋楼**是文学院。
　　(그 건물은 인문대학이다)

(5) **我们的成绩**一定会提高的。
　　(우리의 성적은 틀림없이 향상될 것이다)

2. 동사, 동사구, 형용사, 형용사구는 주어가 될 수 있다.

(1) **散步**有助于减肥。
　　(산책은 다이어트에 도움이 된다)

(2) **看电影**是我最喜欢做的事。
　　(영화 관람은 내가 가장 좋아하는 일이다)

(3) **骄傲**使人落后。
　　(교만은 사람을 뒤쳐지게 만든다)

(4) **热闹**一点儿多好啊。
　　(떠들썩한 것이 얼마나 좋은가)

(5) **多听、多说、多写**才能提高汉语水平。
　　(많이 듣고 많이 말하고 많이 써야지만이 비로소 중국어 수준을 높일 수 있다)

3. 수사나 수사구는 주어가 될 수 있다.

(1) **八**是一个吉利数。
　　(8은 행운의 수이다)

(2) **一年**等于三百六十五天。
　　(1년은 365일이다)

(3) **一米**是三尺。
　　(1미터는 3자다)

4. 주술구는 주어가 될 수 있다.

(1) **他办事**是负责任的。
　　(그가 일을 처리하는 것은 책임을 지는 것이다)

(2) **身体健康**是最重要的。
　　(몸이 건강한 것이 가장 중요한 일이다)

二 술어

술어는 주어에 대한 서술과 묘사이다. '怎么样'이나 '是什么'를 사용해서 질문할 수 있다. 주로 동사, 동사구, 형용사, 형용사구, 명사, 명사구, 주술구가 술어가 될 수 있다.

1. 동사, 동사구, 형용사, 형용사구는 술어가 될 수 있다.
    (1) 我唱歌，她跳舞。
        (나는 노래를 부르고 그녀는 춤을 춘다)
    (2) 我热爱艺术。
        (나는 예술을 열렬히 사랑한다)
    (3) 今天凉快，明天热。
        (오늘은 시원한데 내일은 더울 것이다)
    (4) 他非常热情。
        (그는 매우 친절하다)

2. 명사, 명사구는 술어가 될 수 있다.
    (1) 今天星期一。
        (오늘은 월요일이다)
    (2) 我北京人，你呢?
        (나는 베이징사람인데 너는?)
    (3) 我妹妹十九岁。
        (내 여동생은 19살이다)

3. 주술구는 술어가 될 수 있다.
    (1) 我工作态度很认真。
        (나는 일하는 태도가 매우 진지하다)

(2) 他个子不高。
　　　(그는 키가 크지 않다)

 목적어

목적어는 동작과 관련된 사물을 나타낸다. 일반적으로 동사 뒤에 위치하며 술어와 목적어 사이에는 허사가 없다.

(一) 목적어의 구성

1. 명사, 명사구, 대명사는 목적어가 될 수 있다.
   (1) 你想要说什么?
   　　(너는 무슨 말을 하고 싶니?)
   (2) 我明天去北京。
   　　(나는 내일 베이징에 간다)
   (3) 这是他送我的礼物。
   　　(이것은 그가 내게 준 선물이다)

2. 동사, 동사구, 형용사, 형용사구는 목적어가 될 수 있다.
   (1) 每个学生都值得肯定和鼓励。
   　　(학생들은 모두 인정과 격려를 받을 가치가 있다)
   (2) 他决定答应我们的要求。
   　　(그는 우리의 요구를 받아들이기로 결정했다)
   (3) 爸爸的样子显得特别激动。
   　　(아버지의 모습은 특별히 흥분되어 보였다)

3. 수사, 수량사는 목적어가 될 수 있다.

   (1) 食堂和宿舍相距一百米。
       (식당과 기숙사의 거리는 100미터이다)

   (2) 五乘四等于二十。
       (5곱하기 4는 20이다)

   (3) 这本书一共分为三章。
       (이 책은 모두 3장으로 나뉘어져 있다)

4. 주술구는 목적어가 될 수 있다.

   (1) 我知道你喜欢住在有海的地方。
       (나는 네가 바다가 있는 곳에서 살기를 좋아한다는 것을 안다)

   (2) 他觉得你表演得非常好吗?
       (그는 네가 공연을 아주 잘 했다고 생각하니?)

   (3) 我心想你可能回宿舍了。
       (나는 네가 아마도 기숙사로 돌아갔을 것이라고 생각했어)

5. 전치사구는 목적어가 될 수 있다.

   (1) 你学习不是为了父母，而是为了你自己。
       (네가 공부하는 것은 부모님을 위해서가 아니라 너 자신을 위해서이다)

   (2) 我第一次得奖，是在上海。
       (내가 처음으로 상을 탄 것은 상하이에서였다)

   (3) 我上一次离开这里，是在冬天。
       (내가 지난 번에 이곳을 떠났을 때는 겨울이었다)

(二) 직접목적어와 간접목적어

일부 동사는 두 개의 목적어를 가질 수 있다. 그 중에서 하나는 사람을 가리키고 다른 하나는 사물을 가리킨다. 사람을 가리키는 목적어를 간접목적어라고 하고 사물을 가리키는 목적어를 직접목적어라고 한다. 간접목적어는 직접목적어 앞에 위치한다(아래 예문에서 직접목적어는 '＿'로 표시하고 간접목적어는 '‥'로 표시).

(1) 老师教我们汉语。
   (선생님이 우리에게 중국어를 가르친다)

(2) 别忘了送他生日礼物。
   (그에게 생일선물을 주는 걸 잊지 마)

(3) 他现在要通知我们一件重要的事。
   (그는 지금 우리에게 중요한 일을 알려 주려고 한다)

● Tips ●

두 개의 목적어를 가질 수 있는 동사는 많지 않은데, 다음과 같이 분류할 수 있다.

1. '问', '给', '送', '教', '请教', '还', '赔' 등과 같이 간접목적어와 직접목적어 중에서 하나만 가지거나 둘 다 가질 수 있는 동사

   (1) 我送你。
      (내가 너에게 줄게)

   (2) 我送你一套茶具。
      (너에게 다기 한 세트를 줄게)

   (3) 你还我。
      (나에게 돌려줘)

   (4) 他还了一本书。
      (그는 책 한 권을 돌려주었다)

   (5) 我想请教一个问题。
      (나는 한 가지 문제에 대해 가르침을 청하고 싶다)

   (6) 我不知道, 你问老师吧。
      (나는 모르겠으니 선생님에게 물어봐)

2. '告诉', '求', '通知' 등과 같이 반드시 간접목적어가 있어야 하는 동사. 직접목적어는 있어도 되고 없어도 된다.

   (1) 我求你。
      (너에게 부탁할게)

(2) 班长通知我们明天考试。
    (반장은 우리에게 내일 시험이 있다고 알려주었다)

(3) 我告诉小王关于出国的事。
    (나는 샤오왕에게 출국에 관한 일을 말해주었다)

(4) 我告诉一件事。(×)
    (내가 한 가지 알려줄게)

3. '借', '租' 등과 같이 반드시 직접목적어가 있어야 하며 간접목적어는 있어도 되고 없어도 되는 동사

   (1) 我要租一套房子。
       (나는 집 한 채를 세를 얻으려고 한다)

   (2) 他借了我很多书。
       (그는 나에게 많은 책을 빌렸다)

   (3) 你租我。(×)

4. '叫', '称'과 같이 반드시 두 개의 목적어가 다 있어야 하는 동사

   (1) 我们都叫他师傅。
       (우리는 그를 사부라고 부른다)

   (2) 他们称小李"万事通"。
       (그들은 샤오리를 만물박사라고 부른다)

관형어

관형어는 수식어로서, 주로 명사적 성분을 수식한다. '我的笔(내 연필)', '红帽子(붉은 모자)', '朋友的欢迎(친구의 환대)'처럼 사용할 수 있다. 관형어는 문장에서 주어와 목적어를 수식한다.

(1) 这儿有很多老师和学生。
(이곳에는 많은 선생님과 학생이 있다)

(2) 屋子里坐了二十几个人。
(방안에 이십여 명이 앉아 있다)

(3) 你朋友来了。
(네 친구가 왔다)

(4) 他是一位优秀的教师。
(그는 훌륭한 교사이다)

(5) 红的衣服放这边，蓝的放那边。
(붉은 옷은 여기에 두고 파란 옷은 저기에 둔다)

(6) 他的死比泰山还重。
(그의 죽음은 태산보다 무거웠다)

(7) 我们受到了热烈的欢迎。
(우리는 열렬한 환영을 받았다)

 종류

관형어는 제한적 관형어와 묘사적 관형어로 나눌 수 있다.

(一) 제한적 관형어

　수량, 시간, 장소, 소속, 범위 등의 방면에서 중심어를 제한한다. 즉 중심어가 나타내는 사물의 범위를 설명한다. 제한적 관형어로는 일반적으로 수량사, 시간사, 장소사, 명사, 대명사, 주술구 등이 사용된다.

1. 수량
   - 我买了两条鱼。
     (나는 두 마리의 생선을 샀다)
   - 很多男生放学以后喜欢在体育馆里打篮球。
     (많은 남학생들이 수업을 마친 후에 체육관에서 농구하는 것을 좋아한다)

2. 시간
   - 今年的成绩比较差。
     (올해의 성적은 별로 좋지 못하다)
   - 我花了六个月的时间学习汉语。
     (나는 6개월의 시간을 들여서 중국어를 공부했다)

3. 장소
   - 桌子上的书是我从书店刚买回来的。
     (탁자 위의 책은 내가 서점에서 방금 사온 것이다)
   - 老师说：“教室里的同学可以回家了”。
     (선생님이 "교실에 있는 학생들은 집으로 돌아가도 된다"고 말씀하셨다)

4. 소속
- 这些都是我的笔。
  (이것들은 모두 내 펜이다)
- 我们学校很远。
  (우리학교는 매우 멀다)

5. 범위
- 全班的人都出国了。
  (반 학생들이 모두 출국했다)
- 你现在说的话，我们相信了。
  (네가 지금 한 말을 우리는 믿었다)

(二) 묘사적 관형어

성질, 상태, 특징, 용도 등의 방면에서 중심어를 묘사한다. 주로 형용사가 사용된다.

1. 성질
- 我有一件粉红色的裙子。
  (나는 분홍색 치마가 하나 있다)
- 明天我们要进行一次重要的考试。
  (내일 우리는 중요한 시험을 쳐야 한다)

2. 상태
- 她曾经是一个可爱的姑娘。
  (그녀는 일찍이 귀여운 아가씨였었다)
- 秋天了，空中飘落着金灿灿的树叶。
  (가을이 되니 공중에서 금빛 반짝이는 나뭇잎이 떨어지고 있다)

3. 특징
- 他是一个踏踏实实的人。
  (그는 매우 성실한 사람이다)
- 她有一个高高的鼻子。
  (그녀는 매우 높은 코를 가지고 있다)

4. 용도
{
我买了一支画画的笔。
(나는 그림을 그릴 붓을 한 자루 샀다)

这个装东西的袋子我很熟悉。
(이 물건을 담는 자루를 나는 아주 잘 안다)
}

● **Tips**

• 제한적 관형어와 묘사적 관형어의 차이

　일반적으로 제한적 관형어는 확정적이지만 묘사적 관형어는 확정적이지 못하다. 제한적 관형어는 중심어가 '어느 것'인지를 설명하려 하기 때문에 '哪个', '什么时候', '哪儿', '谁的' 등을 사용해서 질문할 수 있다. 그러나 묘사적 관형어는 중심어가 표시하는 사물을 묘사하는 데에만 사용되기 때문에 질문할 때 일반적으로 '怎么样的', '什么样的' 등을 사용한다. 따라서 그것들이 중심어를 수식하는 역할은 다르다.

 '的'의 사용

　'的'는 주로 관형어 뒤에 놓여 관형어를 표시하는 역할을 한다. 그러나 '的'가 있는 경우도 있고 없는 경우도 있어서 외국인에게 어렵게 느껴질 수 있다. '的'의 사용 여부는 관형어가 되는 단어의 성질과 그것의 어법적 역할과 관련이 있다.

1. 수량사가 관형어가 되는 경우에 제한적 관형어가 될 때는 '的'를 쓰지 않지만 묘사적 관형어가 될 때는 '的'를 쓴다.

    (1) 他就给了我一辆自行车。(제한적)
　　　(그는 나에게 한 대의 자전거를 주었다)

(2) 她忽然想出了三个问题。(제한적)
(그녀는 갑자기 세 가지 문제를 생각해냈다)

(3) 他家养了一只十多斤的猫。(묘사적)
(그의 집에서는 한 마리의 5kg이 넘는 고양이를 길렀다)

(4) 八十多岁的老人慢慢地走过马路。(묘사적)
(팔십 세가 넘은 노인이 천천히 길을 건넜다)

(5) 一屋子的人都在等你。(묘사적, '一'는 '가득하다'라는 뜻이며 뒤에 일반적으로 '的'를 쓴다)
(온 집안 사람들이 모두 너를 기다리고 있다)

(6) 他连续跑了5000米，一头的汗。(묘사적, 5번과 동일)
(그는 5000미터를 계속해서 뛰었기 때문에 머리가 온통 땀범벅이 되었다)

2. 대명사가 관형어가 될 때 '的'의 사용 여부는 아래 표와 같다.

사용하는 경우	1. '谁', '怎么样', '这样', '那样', '什么样' 등이 관형어가 될 때	(1) 那是谁的画? (그것은 누구의 그림이니?) (2) 他是一个怎么样的人? (그는 어떤 사람이니?) (3) 你家是什么样的风格? (너의 집은 어떤 분위기니?) (4) 这样的水果会不好吃吗? (이런 과일이 맛이 없을 수 있니?)
	2. 인칭대명사가 소속관계를 나타낼 때	(1) 他的病已经好了。 (그의 병은 이미 나았다) (2) 你的眼睛看不见了? (너의 눈이 보이지 않게 되었니?)
사용하지 않는 경우	1. '这', '那' 등과 같은 지시대명사 뒤	(1) 这题多简单啊! (이 문제는 얼마나 간단한가!) (2) 那房子真漂亮! (저 집은 정말 예쁘구나!)
	2. '什么', '多少' 등과 같은 일부 의문대명사 뒤	(1) 你们学校有多少韩国人? (너희 학교에는 몇 명의 한국인이 있니?) (2) 他的眼镜是什么颜色的? (그의 안경은 무슨 색이니?)
	3. '这几个', '那一条'와 같이 '지시대명사+수량사' 뒤	那几本书是从哪儿买的? (그 몇 권의 책은 어디서 산 거니?)

● **Tips** ●

1. 인칭대명사가 수식하는 중심어가 사람의 칭호이거나 단체, 기구, 방위사일 때, 구어에서 종종 '的'를 사용하지 않는다. 소속을 강조할 때는 '的'를 사용할 수 있다.

   (1) 你妹妹喜欢唱中国歌吗?
      (네 여동생은 중국 노래 부르기를 좋아하니?)

   (2) 我来介绍一下我们国家的情况。
      (내가 우리나라의 상황을 설명할게)

   (3) 我们学校的学生特别多。
      (우리 학교는 학생이 특별히 많다)

   (4) 他后边是一条小河。
      (그의 뒤에 작은 강이 하나 있다)

   (5) 小明是他的学生。(소속관계를 강조. '다른 사람의 학생이 아니라 그의 학생'임을 강조)
      (샤오밍은 그의 학생이다)

2. 의문문이나 반어문에서 소속관계를 나타내는 인칭대명사 역시 '的'를 사용하지 않아도 된다.

   (1) 我眼镜在哪儿?
      (내 안경이 어디에 있지?)

   (2) 你书不是在书包里吗?
      (네 책은 가방 안에 있지 않니?)

3. 소속관계를 나타내는 인칭대명사나 명사 뒤에 또 다른 관형어가 '的'를 가지고 있으면 인칭대명사나 명사 뒤에 '的'를 다시 쓸 필요가 없다.

   我讲的就是小明跳舞的故事。(○)
   (내가 말하는 것이 바로 샤오밍이 춤을 춘 이야기다)
   我讲的就是小明的跳舞的故事。(×)

3. 명사가 관형어가 될 때 '的'의 사용 여부는 다음과 같다.

   A. 소속관계를 나타낼 때는 '的'를 사용한다.

   (1) 教育不只是学校的问题。

   (교육은 학교만의 문제가 아니다)

   (2) 小红的笑声很好听。

   (샤오훙의 웃음소리는 아주 듣기 좋다)

   B. 사람의 직업, 특징, 사물의 속성, 근원 등을 나타내는 묘사적 관형어는 '的'를 쓰지 않는다.

   (1) 我有一把塑料刀。

   (나는 플라스틱 칼을 하나 가지고 있다)

   (2) 他妈妈是英语老师。

   (그의 어머니는 영어선생님이다)

4. 형용사가 관형어가 될 때 단음절 형용사일 경우는 일반적으로 '的'를 쓰지 않고 다음절 형용사일 경우에는 '的'를 쓴다.

   (1) 他是一个好人。

   (그는 좋은 사람이다)

   (2) 别忘了带新书。

   (새 책을 잊어버리지 말고 가지고 와)

   (3) 我们学校有很多漂亮的大楼。

   (우리 학교에는 예쁜 건물이 많이 있다)

   (4) 弯弯的月亮挂在天上。

   (둥글게 구부러진 초승달이 하늘에 걸려있다)

   (5) 在这里到处都是绿油油的稻子。

   (이곳은 사방이 온통 푸르른 벼 이삭이다)

> **Tips**
>
> 단음절 형용사가 비교나 강조의 역할을 할 때는 '的'를 써야 한다.
>
> (1) 重的包我拿，轻的包你拿。
>
>   (무거운 가방은 내가 들 테니 가벼운 가방은 네가 들어)
>
> (2) 每次他都抢大的西瓜。
>
>   (매번 그는 큰 수박을 뺏어간다)

5. 동사, 동사구가 관형어가 되는 경우에는 일반적으로 '的'를 쓴다.

   (1) 我喜欢看刚出版的杂志。

      (나는 막 출판된 잡지를 보는 것을 좋아한다)

   (2) 这是借的书，不能给你。

      (이것은 빌린 책이라서 너에게 줄 수 없다)

   (3) 快去追那个开轿车的人。

      (빨리 승용차를 운전하는 저 사람을 쫓아가라)

   (4) 我想买一个装书的柜子。

      (나는 책을 담는 상자를 사고 싶다)

6. 주술구, 전치사구, 성어 등이 관형어가 되는 경우에는 일반적으로 '的'를 쓴다.

   (1) 这里是老师住的地方。(주술구)

      (이 곳은 선생님이 사는 곳이다)

   (2) 他会做我喜欢的菜。(주술구)

      (그는 내가 좋아하는 요리를 할 줄 안다)

   (3) 做饭、洗碗，不就是对你的照顾吗？(전치사구)

      (밥하고 설거지하는 것이 바로 너를 보살피는 것 아니니?)

   (4) 我家有两间朝北的屋子。(전치사구)

      (우리 집에는 북쪽으로 난 방이 두 칸 있다)

(5) 街上挂满了五颜六色的灯。(성어구)
   (거리에 다양한 색깔의 등이 가득 걸려있다)

(6) 看你一副兴高采烈的样子。(성어구)
   (기뻐하는 모습 좀 보게나)

여러 개의 관형어

(一) 병렬관계의 관형어들

병렬관계에 있는 각 관형어들은 동등하기 때문에 어법적으로는 순서를 자유롭게 바꿀 수 있다. 하지만 논리적 관계, 문화, 언어 습관의 영향을 받아 관형어들 사이에 일정한 순서가 생겼다.

(1) 我们要正确认识国家、单位与个人的关系。(대→소)
   (우리는 국가, 회사, 개인간의 관계를 정확하게 인식해야 한다)

(2) 爸爸、妈妈的鼓励给了我前进的力量。(남→여)
   (아버지와 어머니의 격려는 나에게 앞으로 나아갈 힘을 주었다)

(3) 不要忘了父母、亲人和朋友的关心和照顾。(친근→소원)
   (부모님, 친척, 친구들의 관심과 보살핌을 잊지 말아라)

(4) 这次大会省、市、县的领导都来。(높음→낮음)
   (이번 대회는 성, 시, 현의 지도자들이 모두 온다)

(5) 这就是我军发展壮大的历史。(사물의 발전규칙에 따라 선→후)
   (이것이 바로 우리 군이 발전하고 장대해진 역사이다)

(二) 점층관계의 관형어들

점층관계의 각 관형어들은 여러 종류의 단어로 구성되는데 그들끼리는 서로 수식하지 않고 순서에 따라 중심어를 수식한다. 중심어를 수식할 때 그것들은 층차 관계만 가질 뿐이다. 중간에 '和'와 같은 접속사도 없고 문장부호도 없다.

书架旁边有一把矮腿塑料椅子。

(책꽂이 옆에 나즈막한 플라스틱 의자가 하나 있다)

1. 점층 관계의 관형어들의 경우 제한적 관형어는 앞에 두고 묘사적 관형어는 뒤에 둔다.

    (1) 他送我 <u>一条</u> <u>很漂亮</u> 的裙子。
              제한적   묘사적

    (그는 나에게 하나의 예쁜 치마를 선물했다)

    (2) 他羡慕 <u>在大海里</u> <u>自由自在</u> 的鱼儿。
               제한적   묘사적

    (그는 넓은 바다에서 자유롭게 헤엄쳐 다니는 물고기가 부러웠다)

2. 제한적 관형어와 묘사적 관형어의 순서
    ① 소속관계의 명사나 대명사
    ② 장소사 혹은 시간사. 두 가지가 동시에 출현할 경우에는 어느 쪽을 앞에 놓아도 상관없다.
    ③ 수량사
    ④ 주술구, 동사구, 전치사구 등
    ⑤ 형용의 의미가 있는 단어
    ⑥ '的'를 사용하지 않는 형용사와 묘사적 명사

    (1) 这是我家一周的计划。(제한적 관형어)
           ① ②

    (이것이 우리 집의 일주일간의 계획이다)

(2) 我哥在艺术方面的兴趣很广泛。(제한적 관형어)

(우리 형의 예술 쪽에 관한 흥미는 아주 광범위하다)

(3) 他心里有说不出来的高兴的感觉。(묘사적 관형어)

(그의 마음속에 말로 표현할 수 없는 기쁜 느낌이 있다)

(4) 他穿了破洞的牛仔短裤。(묘사적 관형어)

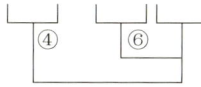

(그는 구멍 난 청 반바지를 입었다)

(5) 他是我高中时最好的朋友。

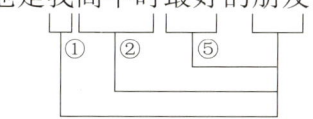

(그는 내 고등학교 시절의 가장 좋은 친구였다)

(6) 在学校时老师讲的那些优秀的文章。

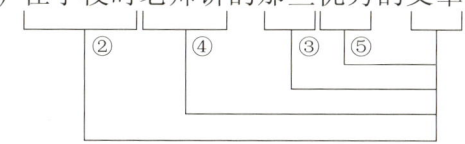

(학교 다닐 때 선생님이 말씀하셨던 그 우수한 문장들)

위의 예문(6)에서 ③이 ④뒤에 있는 것은 관형어의 순서에 있어서 수량사가 융통성이 있기 때문인데, 이 문장에서 이렇게 사용한 것은 혼동의 여지를 없애기 위해서이다. 만약에 ③을 ④의 앞에 두어 '在学校时那些老师讲的优秀的文章'이라고 하면 '학교 다닐 때 그 선생님들이 말씀하셨던 우수한 문장'으로 의미가 바뀐다. 그러므로 의미나 논리적 관계의 제약을 받는 경우 관형어들의 어순은 약간 변하기도 한다.

> **Tips**

　묘사적 관형어 중에서 형용사와 '的'를 사용하지 않는 명사들은 연이어 사용되기도 하는데, 이때 배열 순서는 '대소(大小), 신구(新舊) → 근원 → 색 → 형상, 양식 → 속성 → 중심어(명사)'이다.

(1) 一头金色的披肩长发。
　　(금색의 어깨까지 내려오는 장발)

(2) 三辆出口黑色奥迪车。
　　(3대의 수출용 검정색 아우디 승용차)

(3) 大屏幕国产彩色立体声电视。
　　(대형 국산 칼라 스테레오 텔레비전)

Exercises

一. 괄호 안의 단어를 정확한 위치에 넣으세요.

1. 这是他A八岁那年跟父亲学做B泥C娃娃。(的)
2. A红旗B在空中C飘扬。(鲜艳的)
3. A穿蓝衣服的B同志是C爸爸。(小李的)
4. 那是A一个B红色C的D杯子。(玻璃)
5. 我有一张A白色B的实木C桌子。(方形)

二. 틀린 문장을 고르세요.

1. A. 今年外出旅游人很多。
   B. 我有一个小小的黑色墨水瓶。
   C. 公司的这些重要资料一定要保管好。
   D. 我开的轿车是昨天刚买的。
2. A. 我要去最远最艰苦的地方工作。
   B. 我买一斤苹果和一斤香蕉。
   C. 这样的事我以前就知道了。
   D. 跟你很好那个同学没来上课。
3. A. 这是我们刚出版的杂志。
   B. 这是小刘和小张的老师。
   C. 去国外旅游是一件非常高兴的事。
   D. 刚七岁的他哥哥病死了。
4. A. 你们应该更重视人才培养的问题。
   B. 多那个是我的，少那个是你的。

Exercises

    C. 去北京的同学明天出发。

    D. 他认真地管理着图书馆的书。

5. A. 那件衣服是什么样子的?

    B. 父母应该关心孩子的健康成长。

    C. 我们每学期要有三次的考试。

    D. 我没有听朋友的意见。

三. 문장을 완성하세요.

1. 生病了, 她, 的, 小孩子, 不到一周
2. 年轻人, 是, 小李, 的, 一个, 抱负, 有远大理想, 和
3. 穿着, 一条, 蓝, 小姑娘, 裙子, 漂亮的
4. 那个, 他, 不是, 我要找, 人, 的
5. 领导交给, 他们, 任务, 的, 正在执行, 一项
6. 上海, 的, 中国, 城市, 最大, 是

부사어

부사어는 수식어로, '认真工作(성실하게 일하다)', '很大(매우 크다)', '慢慢讲(천천히 말하다)'와 같이 주로 동사나 형용사를 수식한다. 부사어는 주어 뒤에서 술어를 수식하거나 주어 앞에서 전체 문장을 수식한다.

(1) 他高高兴兴地回家了。(주어 뒤)
   (그는 아주 기뻐하며 집으로 돌아갔다)

(2) 小王一直工作很努力。(주어 뒤)
   (샤오왕은 줄곧 매우 열심히 일했다)

(3) 他昨天去北京了。(주어 뒤)
   (그는 어제 베이징에 갔다)

(4) 关于明天的考试，你们还有什么问题？(주어 앞)
   (내일 시험에 관해 질문이 있니?)

(5) 当太阳落山时，爷爷才往家走。(주어 앞)
   (태양이 서산으로 질 때가 되어서야 할아버지는 겨우 집으로 가셨다)

 종류

부사어에는 제한적 부사어와 묘사적 부사어가 있다.

(一) 제한적 부사어

시간, 장소, 범위, 정도, 대상, 목적 등의 방면에서 술어중심어를 수식하거나 제한하며 묘사적 역할은 하지 않는다.

1. 시간
   - 我明天回韩国。(시간사를 사용, '今天', '上午', '三点', '5月10号', '2000年' 등)
     (나는 내일 한국으로 돌아간다)
   - 你一直工作到现在？(부사를 사용, '就', '刚', '从来', '已经', '一直', '同时' 등)
     (너는 줄곧 지금까지 일했니?)
   - 当灯亮时，饭就好了。(전치사구를 사용, '当…', '在…', '从…起' 등)
     (등을 켰을 때 밥이 다 되었다)

2. 장소
   - 你里边坐。(장소사를 사용, '前边', '周围', '地上', '桌子下' 등)
     (안쪽에 앉아)
   - 向东走，我家就在那儿。(전치사구를 사용, '往…', '从…', '向…' 등)
     (동쪽으로 가면 우리 집이 바로 그곳에 있다)

3. 범위 : 这件事，我们全知道了。(부사를 사용, '都', '只', '仅仅', '光' 등)
   (이 일을 우리는 모두 알았다)

4. 정도 : 他最优秀。(부사를 사용, '非常', '很', '更', '真', '还' 등)
   (그가 가장 우수하다)

5. 대상 : 他**对我**很热情。(전치사구를 사용, '对…', '给…' 등)

   (그는 나에게 매우 친절하다)

6. 목적 : **为了我的家人**，我要更努力地学习。(전치사구를 사용, '为…', '为了…' 등)

   (우리 가족을 위해서 나는 더욱 열심히 공부하려 한다)

(二) 묘사적 부사어

묘사적 부사어는 행위자의 기분, 태도, 표정, 심리활동 등을 묘사하는 것과 동작의 방식이나 상황 등을 묘사하는 것으로 나뉜다.

1. 행위자의 기분이나 태도 등을 묘사

   (1) 她**吃惊**地看着我。

   (그녀는 깜짝 놀라서 나를 바라보고 있었다)

   (2) 小明**激动**地说出了答案。

   (샤오밍은 흥분해서 답을 말했다)

   (3) 我**兴奋**地问 : "是谁呀？"

   (나는 흥분해서 "누구니?"라고 물었다)

2. 동작의 방식, 상태 등을 묘사

   (1) 他**偷偷**地走了。

   (그는 살그머니 가버렸다)

   (2) 她**一遍一遍**地嘱咐我别忘了打电话。

   (그녀는 나에게 전화하는 걸 잊어버리지 말라고 거듭 당부했다)

   (3) 他把作业**仔细**地检查了一遍。

   (그는 숙제를 자세히 검사했다)

   (4) 这菜是妈妈**亲手**做的。

   (이 요리는 어머니가 직접 만든 것이다)

   (5) 我**很快**地读了下儿题目。

   (나는 재빨리 제목을 읽었다)

二 위치

부사어는 일반적으로 수식을 받는 중심어 앞에 위치한다. 하지만 주어 앞이나 뒤에 올 수도 있는데, 아래 표와 같다.

부사어가 주어 앞에 있는 경우	'关于', '至于' 등의 전치사로 구성된 전치사구	(1) 关于HSK的考试形式，我们还要再研究。 (HSK시험 형식에 관해 우리들은 더 연구해야 한다) (2) 关于南湖，已经有300年的历史了。 (난후에 관해서는 이미 300년의 역사가 있다) (3) 至于你喜欢不喜欢，那是你的自由。 (네가 좋아하고 좋아하지 않고는 네 자유다)
부사어가 주어 뒤에 있는 경우	대부분의 묘사적 부사어와 일부 제한적 부사어	(1) 他高兴地大叫起来。(묘사적) (그는 기뻐하며 크게 외치기 시작했다) (2) 小张偷偷地笑了。(묘사적) (샤오장은 몰래 웃었다) (3) 小明一直都喜欢爬山。(제한적—부사) (샤오밍은 줄곧 등산을 좋아했다) (4) 客人们屋里聊。(제한적—전치사가 없는 장소사) (손님들이 방안에서 이야기를 한다) (5) 你把那张纸拿给我。(제한적—'把'자문) (그 종이를 꺼내서 내게 줘) (6) 食堂离宿舍不远。(제한적—'离'로 구성된 전치사구) (식당은 기숙사에서 멀지 않아) (7) 你给我取点东西来。(제한적—'给'로 구성된 전치사구) (나한테 물건 좀 찾아다 줘)
주어 앞이나 뒤에 올 수 있는 경우	1. 시간을 나타내는 명사	(1) 我明天早上去北京。 (나는 내일 아침에 베이징에 간다) (2) 后年他才回国。 (내후년이 되어야 그는 비로소 귀국한다)

2. 시간을 나타내는 부사	(1)	忽然他有了一个主意。 (갑자기 그는 아이디어가 하나 떠올랐다)
	(2)	学生们马上说出了答案。 (학생들이 곧바로 답을 말했다)
	(3)	原先我是打算去北京的。 (원래 나는 베이징으로 갈 생각이었다)
3. 어기를 나타내는 부사	(1)	的确他这样想过。 (확실히 그는 그렇게 생각한 적이 있다)
	(2)	他确实做了不少的错事。 (그는 확실히 적지 않은 잘못을 저질렀다)
	(3)	我简直不能相信自己的眼睛。 (나는 그야말로 자신의 눈을 믿을 수가 없었다)
4. 대부분의 전치사구	(1)	在这儿，他工作得很好。 (여기에서 그는 일을 아주 잘 한다) 他在这儿工作得很好。
	(2)	根据考试的内容，我们做一个复习计划。 (시험 내용에 근거해서 우리들은 복습할 계획을 세운다) 我们根据考试的内容，做一个复习计划。

일반적인 상황에서 부사어를 주어 앞에 두면 강조할 수 있다.

(1) 在家里，我不能看书。

　　(집에서는 나는 책을 볼 수가 없다)

(2) 突然，教室里的灯全黑了。

　　(갑자기 교실 등이 모두 꺼졌다)

부사어의 구조가 비교적 복잡하거나 음절이 아주 많은 경우 종종 부사어를 주어 앞에 둔다.

(1) 当我写完最后一份作业时，家里的人都睡熟了。

　　(내가 마지막 숙제를 끝냈을 때 가족들은 모두 깊은 잠에 빠져있었다)

(2) 对每一位学生的问题，我们老师都应该一一解答。

　　(모든 학생들의 질문에 대해 우리 선생님들은 당연히 일일이 대답해 주어야 한다)

'地'의 사용

'地'는 부사어라는 것을 표시한다. 그러나 부사어 뒤에 '地'가 있는 경우와 없는 경우가 있는데, 자세한 내용은 아래 표와 같다.

'地'를 쓰는 경우	1. 부사어를 사용하여 행위자를 묘사	(1) 他惊讶地看着我。 (그는 놀라서 나를 바라보고 있다) (2) 小红高高兴兴地上学去了。 (샤오홍은 아주 즐거워하며 학교로 갔다) (3) 小明无奈地答应了我们的要求。 (샤오밍은 어쩔 수 없이 우리의 요구를 받아들였다)
	2. 형용사구나 동사구가 부사어가 될 때	(1) 小王非常认真地写下了他的名字。(형용사구) (샤오왕은 매우 진지하게 그의 이름을 썼다) (2) 你要更好地向好同学学习。(형용사구) (너는 훌륭한 친구들을 더 잘 본받아야 한다) (3) 我们应该有计划地学习和工作。(동사구) (우리는 당연히 계획성 있게 공부하고 일해야 한다)
'地'를 쓰지 않는 경우	1. 제한적 부사어 뒤	(1) 我们在食堂吃饭。 (우리는 식당에서 밥을 먹는다) (2) 我觉得你朋友特别友好。 (나는 네 친구가 특히 친절하다고 생각한다) (3) 我的确想离开这里。 (나는 확실히 이 곳을 떠나고 싶다)
	2. 단음절 형용사가 부사어가 될 때	(1) 快跑啊，要迟到了。 (빨리 뛰어. 지각하겠어) (2) 上课时，要多问问题。 (수업할 때 질문을 많이 해야 한다) (3) 他只是傻笑着，一句话也不说。 (그는 바보같이 웃을 뿐 한 마디도 하지 않았다)
'地'를 써도 되고 안써도 되는 경우	부사어가 동작의 변화를 묘사할 때	(1) 他详细(地)讲了一遍要求。 (그는 요구를 상세히 말했다) (2) 他在教室里来回(地)跑。 (그는 교실에서 왔다갔다하며 뛰었다) (3) 小张轻轻(地)关上了门。 (샤오장은 살짝 문을 닫았다)

 **여러 개의 부사어**

(一) 병렬관계의 부사어들

병렬관계의 부사어들은 서로 동등하며 순서도 일반적으로 자유롭다.

(1) 他每天都仔细认真地听老师讲课。
  (그는 매일 꼼꼼하고 진지하게 선생님의 수업을 듣는다)
(2) 你要有计划地、有方法地学习。
  (너는 계획성 있고 요령 있게 공부해야 한다)

병렬관계에 있는 두 개의 부사어가 둘 다 형용사이거나 전치사구이거나 동사구인 경우, 바로 연이어 쓰거나 둘 사이에 쉼표를 사용할 수 있다.

(1) 老师和蔼、亲切地关心着每一个学生。
  (선생님은 온화하고 다정하게 학생 개개인에게 관심을 가지고 있다)
(2) 我觉得这件事对你、对我都好。
  (나는 이 일이 너에게도 나에게도 좋다고 생각한다)
(3) 生产项目要有计划有步骤地发展。
  (생산프로젝트는 계획적이고 단계적으로 발전시켜나가야 한다)

병렬된 부사어가 두 개 이상일 경우 부사어들 사이에는 일반적으로 모점(、)을 사용한다.

  无论什么时候，她总能乐观、勇敢、坚强地面对一切困难。
  (어느 때를 막론하고 그녀는 항상 낙관적이고 용감하고 굳건하게 모든 어려움에 맞선다)

병렬된 부사어는 일반적으로 마지막 부사어 뒤에 '地'를 쓰지만 부사어를 모두 다 강조하려면 각각의 부사어 뒤에 '地'를 쓸 수 있다.

　　她热情地、天真地、好奇地问这问那。
　　(그녀는 열정적이고 천진난만하며 호기심에 차서 이런저런 것들을 물었다)

(二) 점층 관계의 부사어

점층 관계의 부사어들은 일정한 순서에 따라 중심어를 수식한다. 부사어들 사이에는 일정한 층차 관계가 있다.

　　他终于再一次来到了中国。
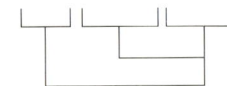
　　(그녀는 마침내 다시 중국에 왔다)

점층 관계의 부사어들간에는 일정한 순서가 있는데 대체로 다음과 같다.
① '关于…', '至于…' 등의 전치사구 (반드시 주어 앞에 위치)
② 시간을 나타내는 부사어
③ 어기와 범위 등을 나타내는 부사어
④ 행위자를 묘사하는 부사어
⑤ 목적, 근거, 협력 등을 나타내는 부사어(일반적으로 '为…' 등의 전치사구로 구성)
⑥ 장소, 공간, 방향, 노선을 나타내는 부사어
⑦ '把', '被', '叫', '让' 등의 전치사로 구성된 전치사구
⑧ 대상을 나타내는 부사어('对…', '向…' 등의 전치사구로 구성)
⑨ 동작을 묘사하는 부사어

　(1) 关于这个问题, 我已经想过很多次了。
　　　　①　　　　　　②
　　(이 문제에 관해 나는 이미 여러 번 생각해 보았다)

(2) 他高兴地从爸爸手里拿走了礼物。
　　　　④　　　⑥
(그는 기쁘게 아버지의 손에서 선물을 받아갔다)

(3) 那几本书都被小李带走了。
　　　　　　③　⑦
(그 몇 권의 책은 모두 샤오리가 가져 갔다)

(4) 你们以前到底在一起学习了多长时间？
　　　　②　③　⑤
(너희는 이전에 도대체 함께 얼마 동안이나 공부를 했니?)

(5) 妈妈生气地对我说："你自己走吧。"
　　　　④　　⑧
(엄마는 화가 나서 나에게 "너 혼자 가"라고 말씀하셨다)

(6) 几年来，他为了家人努力地工作着。
　　　　　　⑤　　　⑨
(몇 년 동안 그는 가족을 위해 열심히 일하고 있다)

● **Tips** ●

부사어들 간의 순서는 비교적 융통성이 있기 때문에 상황에 따라 순서가 달라질 수 있다.

1. 대상을 나타내는 부사어 '对……' 등은 대상을 강조할 때는 행위자를 묘사하는 부사어 앞에 둘 수 있다.
    (1) 老师和蔼地对我说："好好复习课文。"
        (선생님은 온화하게 나에게 "교과서 본문을 잘 복습하거라"라고 말씀하셨다)
    (2) 老师对我和蔼地说："好好复习课文。"

2. 시간을 나타내는 단어가 여러 개일 경우. 어순은 '시간사-전치사구-부사'이다.
    (1) 我昨天从中午十一点一直睡到晚上六点。

(나는 어제 낮 11시 부터 저녁 6시 까지 줄곧 잤다)

 (2) 小王最近常常去图书馆看书。
   (샤오왕은 최근에 자주 도서관에 가서 공부한다)

 (3) 我从今天起再也不跳舞了。
   (나는 오늘부터 다시는 춤을 추지 않을 것이다)

3. 동작을 묘사하는 부사어가 동작의 상태나 변화를 강조하려고 할 때 앞에 둘 수 있다.

 (1) 小张向我详细地讲了事情的经过。
   (샤오장은 나에게 일의 경과를 상세히 말해주었다)

 (2) 小张详细地向我讲了事情的经过。

4. 행위자가 있는 장소나 공간을 나타내는 경우, 즉 '在…', '从…' 등의 전치사구는 행위자를 묘사하는 부사어 앞이나 뒤에 올 수 있다.

 (1) 他在妈妈身旁伤心地哭着。

 (2) 他伤心地在妈妈身旁哭着。
   (그는 상심해서 어머니 곁에서 울고 있다)

 (3) 小李今天早上高兴地从家走了出去。

 (4) 小李今天早上从家高兴地走了出去。
   (샤오리는 오늘 아침에 기쁘게 집을 나갔다)

Exercises

一. 괄호 안의 단어를 정확한 위치에 넣으세요.

1. 小明非常A清楚B写下了自己的名字。(地)
2. 小红A握住警察的B手。(激动地)
3. A你们B聊，好吗？(教室里)
4. 他A亲切地B慢慢地C聊了起来。(跟我们)
5. 他A兴奋地B从哥哥那儿C抢过那顶帽子。(快速地)

二. 문장을 완성하세요.

1. 剩下，汽车，这里，一辆，了，只
2. 对我，姐姐，生气了，忽然
3. 站了起来，激动地，很快地，从座位上，小王
4. 跟你，我，这件事，昨天，谈过了，在学校
5. 这个宫殿，已经，关于，有，历史了，五百年的
6. 老师的问题，再，终于，他，答对了，一次

三. 잘못된 문장을 고르세요.

1. A. 每当天冷的时候，我就不想出去。
   B. 至于中国，你已经知道多少？
   C. 多地听、多地说、多地写，你才能学好汉语。
   D. 我每天早上六点去教室上课。

Exercises

2. A. 平时,他从来不乱花钱。
   B. 他一走进会场,大家站起来。
   C. 去中国以后,我发现中国菜很好吃。
   D. 不要为了小事就发脾气。

3. A. 我们楼上说。
   B. 雪花慢慢地从天空中飘落下来。
   C. 他傻傻地向我们笑着。
   D. 我们走进教室后,正在为他大家鼓掌。

4. A. 他认真负责地管理着图书馆的书。
   B. 他大大方方走上了讲台。
   C. 我们着重研究一下儿这件事。
   D. 这对国家对社会都有利。

5. A. 这些天,我陪着她一直。
   B. 我们把院子里的垃圾彻底地清理干净了。
   C. 1990年我再一次参加了运动会。
   D. 她总是耐心地教我唱歌。

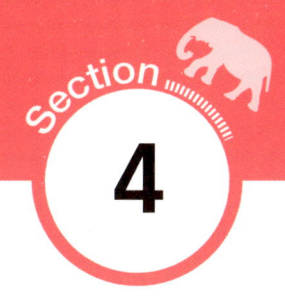

보어

보어란 동사나 형용사 뒤에서 동작의 결과, 방향, 정도 등을 나타내는 동사(구), 형용사(구), 부사 등을 말한다. 중국어의 보어는 구조와 의미에 따라 결과보어, 방향보어, 양태보어, 정도보어, 가능보어, 수량보어, 전치사구보어로 나눌 수 있다.

 결과보어

결과보어는 동작의 결과를 나타내거나 동작을 묘사하고 설명하는데 일반적으로 동사나 형용사를 사용한다.

(1) 昨天我在商店看见王老师了。
　　 (어제 나는 상점에서 왕선생님을 만났다)

(2) 今天老师上课讲的内容我都没听懂。
　　 (오늘 선생님이 수업에서 말한 내용을 나는 모두 이해하지 못했다)

(3) 大家都准备好了吗?
　　(다들 준비 다 했니?)

(4) 今天早上我们三个人都来晚了。
　　(오늘 아침에 우리 세 사람은 모두 늦었다)

(5) 他一喝醉就打人。
　　(그는 술이 취하기만 하면 사람을 때린다)

● Tips ●

결과보어의 유무에 따라 의미의 차이는 아주 크다.

这本书他都看了。('看'이라는 동작이 실현되었는지 결과는 강조되지 않는다)
(이 책을 그는 다 봤다)

这本书他都看懂了。(보았으며 이해도 했다. '看'의 결과인 '懂'이 강조)
(이 책을 그는 다 보고 이해했다)

1. 결과보어로 사용되는 단어: 동사와 형용사

　　동사와 형용사만 결과보어가 될 수 있다. 구어에서 자주 사용되는 단음절 형용사들은 대부분 결과보어가 될 수 있으며 일부 2음절 형용사도 결과보어가 될 수 있다. 동사 중에서 결과보어가 될 수 있는 것은 많지 않다. 동사가 결과보어가 될 때는 일반적으로 구체적이고 주동적인 동작행위를 나타내지 않고, 행위자나 동작 대상의 피동적인 동작을 나타낸다. 이 때 목적어는 종종 문장 앞에 두어 화제를 강조한다.

(1) 我今天喝多了，先走了。
　　(나는 오늘 술을 많이 마셨어. 먼저 갈게)

(2) 我们都吃饱了。
　　(우리는 모두 배불리 먹었다)

(3) 老师的话我们都听清楚了。
　　(선생님의 말을 우리는 모두 똑똑히 들었다)

(4) 那本书你买到了吗?
(그 책 샀니?)

(5) 他把所有的钱都花掉了。
(그는 모든 돈을 다 써버렸다)

2. 결과보어로 자주 사용되는 동사와 형용사

A. '见'과 '到'

'见'의 기본 의미는 '보았으며 결과가 있다'는 것이지만 '看' 외에 '瞧(보다)', '望(바라보다)', '听(듣다)', '闻(듣다, 냄새를 맡다)'과 같은 일부 감각동사의 결과보어로도 사용될 수 있다. 간혹 그 밖의 다른 동사 뒤에서 쓰이기도 하지만 그런 동사는 많지 않다. 예를 들어 '遇(우연히 만나다)', '碰(부딪치다)', '梦(꿈꾸다)' 등이 있다.

(1) 昨天我在学校看见李老师了。
(어제 나는 학교에서 이선생님을 보았다)

(2) 你闻见做菜的味道了吗?
(요리하는 냄새를 맡았니?)

(3) 对不起，我没听见你的声音。
(미안, 네 소리를 못 들었어)

(4) 去年我在北京遇见了小民。
(작년에 나는 베이징에서 샤오민을 우연히 만났다)

(5) 昨天晚上我又梦见妈妈了。
(어젯밤 나는 또 꿈에서 어머니를 보았다)

> **Tips**
>
> 결과보어 '见'은 일반적으로 '到'로 바꿔 쓸 수 있다.
>
> '到'는 A.동작에 결과가 생겼음 B.동작의 범위와 한계를 나타낸다.
>
> (1) 我去了好几个书店，但是还没买到我想买的书。(A)
>   (나는 서점을 여러 군데 가봤지만 아직 사고 싶은 책을 사지 못했다)
>
> (2) 今天早上我的钥匙不见了，到现在还没找到。(A)
>   (오늘 아침에 열쇠가 보이지 않았는데, 지금까지도 아직 찾지 못했다)
>
> (3) 我们已经学到第五课了。(B)
>   (우리는 이미 5과까지 배웠다)
>
> (4) 他们已经走到学校了。(B)
>   (그들은 벌써 학교까지 걸어갔다)

B. '完'과 '好'

'完'은 동작의 완성을 나타내고 '好'는 동작이 완성되었을 뿐 아니라 결과가 완벽하고 흡족함을 나타낸다.

(1) 这本书我都看完了。
   (이 책을 나는 다 봤다)

(2) 妈妈做的菜我们都吃完了。
   (어머니가 해주신 요리를 우리가 다 먹었다)

(3) 我吃好了，各位慢慢吃。
   (나는 다 먹었으니 여러분은 천천히 드세요)

(4) 我的自行车已经修好了。
   (내 자전거는 이미 수리가 끝났다)

(5) 大家准备好了吗?
   (다들 준비 잘 했니?)

C. '掉'와 '光'

'掉'는 A.분리, 떨어짐 B.소실(존재하지 않음을 강조)을 나타내고 '光'은 하나도, 혹은 조금도 남지 않았음(수량적으로 없음을 강조)을 나타낸다.

  (1) 他把我的杯子碰掉了。(A)
      (그는 내 잔을 부딪쳐서 떨어뜨렸다)

  (2) 树上的叶子都被风吹掉了。(A)
      (나뭇잎들이 모두 바람이 불어 떨어졌다)

  (3) 他把昨天买的蛋糕都吃掉了。(B)
      (그는 어제 산 케이크를 모두 먹었다)

  (4) 他把我的车卖掉了。(B)
      (그는 내 차를 팔았다)

  (5) 电影票都卖光了，一张也没有了。(수량적으로 없음을 강조)
      (영화표가 매진되어 한 장도 남지 않았다)

  (6) 他把他仅有的一点儿钱都花光了。(수량적으로 없음을 강조)
      (그는 얼마 없던 돈을 모두 써버렸다)

D. '成'

'成'은 주로 A.동작 변화의 결과 B.동작이 잘못된 결과 C.동작의 실현 여부를 나타낸다.

  (1) 妹妹已经变成美女了。(A)
      (여동생은 이미 미녀가 되었다)

  (2) 我已经把所有的人民币换成韩币了。(A)
      (나는 이미 모든 중국 돈을 한국 돈으로 바꾸었다)

  (3) 我把"土"写成"士"了。(B)
      (나는 '土'를 '士'로 썼다)

  (4) 我没看清楚，把王老师看成张老师了。(B)
      (내가 제대로 못 봐서 왕선생님을 장선생님으로 봤다)

  (5) 今天早上本来想去北京，结果因为天气不好没去成。(C)
      (오늘 아침에 원래는 베이징에 가려고 했는데 결국 날씨가 좋지 않아서 가지 못했다)

(6) 今天本来打算跟女朋友去看电影，但是因为我身体不舒服没看成。(C)
(오늘 원래는 여자친구와 영화를 보러 갈 생각이었지만 몸이 불편해서 보지 못했다)

E. '住'

'住'는 동작을 통해 사람이나 사물의 위치가 고정됨을 나타낸다.

(1) 警察大声地对小偷儿说："站住！"
(경찰이 큰소리로 소매치기에게 "꼼짝 마!"라고 말했다)

(2) 他紧紧握住我的手好像要说什么。
(그는 내 손을 꽉 잡으며 무엇인가를 말하려는 것 같았다)

(3) 这些生词我都记住了。
(이 단어들을 나는 모두 기억했다)

3. 결과보어의 부정

결과보어는 동작의 결과를 나타내기 때문에 부정형식은 일반적으로 동사 앞에 '没'를 쓴다. 그러나 가정을 나타낼 때는 '不'를 사용해서 부정한다.

(1) 昨天的电影我没看懂。
(어제 영화는 나는 봐도 이해가 되지 않았다)

(2) 老师的话我没记住。
(선생님 말씀을 나는 기억하지 못했다)

(3) 如果不做完作业就不能出去玩。
(만약 숙제를 끝내지 못하면 나가 놀지 못한다)

(4) 如果你不说清楚，大家可能会误会的。
(만약에 네가 분명히 말하지 않는다면 모두들 아마도 오해를 할 것이다)

> **Tips**
>
> 결과보어는 동사 바로 뒤에 연결되어 동사와 떨어지지 않기 때문에 조사나 목적어는 결과보어 뒤에 두어야 한다.
>
> (1) 我做作业完了。(×)
>   我做完作业了。(○)
>   (나는 숙제를 다 했다)
>
> (2) 他的话我听了清楚。(×)
>   他的话我听清楚了。(○)
>   (그의 말을 나는 똑똑히 들었다)

 방향보어

방향보어의 기본적인 의미는 동작의 방향이나 추세를 나타내는 것이다. 기본적인 의미 외에도 결과, 상태 등의 파생적인 의미를 나타낼 수 있다. 방향보어는 일반적으로 방향동사들이 사용되며 형식은 '동사+방향동사'이다.

자주 사용되는 방향보어는 아래와 같다.

단순방향보어	来, 去, 上, 下, 进, 出, 回, 过, 起, 开……
복합방향보어	上来, 下来, 进来, 出来, 回来, 过来, 起来, 开来…… 下来, 下去, 进来, 出去, 过去, 过去, 开去……

(1) 照相机带来了吗?
    (사진기 가져 왔니?)

(2) 我把家里的钱都拿来了。
    (나는 집에 있는 돈을 다 가져왔다)

(3) 他拿起书包就跑出去了。
    (그는 책가방을 가지고 뛰어 나갔다)

(4) 孩子们看到老师都跑开了。
　　(아이들이 선생님을 보고는 모두 도망갔다)

(5) 上课的时间到了，老师走进教室来了。
　　(수업시간이 되자 선생님이 교실로 들어왔다)

(6) 他们都爬上来了。
　　(그들이 모두 올라왔다)

(7) 总统走进来的时候，大家都站起来了。
　　(대통령이 걸어 들어올 때 모두 일어났다)

1. 방향보어와 장소목적어의 위치

　방향보어와 목적어가 동시에 출현할 때 일반적으로 목적어는 '来/去' 앞에 두는데 특히 목적어가 장소명사인 경우에는 반드시 '来/去' 앞에 두어야 한다. 자세한 내용은 아래 표와 같다.

유형	보어	목적어가 장소명사인 경우	목적어가 사물명사인 경우	
			아직 발생하지 않았을 때	이미 발생했을 때
단순 방향 보어	来/去	목적어는 '来/去' 앞 他已经回学校去了。 (그는 이미 학교로 돌아갔다) 你马上回学校来。 (당장 학교로 돌아와)	목적어는 '来/去' 앞에 많이 둔다. 请给我拿一本书来。 (나에게 책을 한 권 갖다 주세요.) 快拿杯子来。 (빨리 잔을 가지고 와)	목적어는 '来/去' 앞뒤 모두 가능 昨天他给我拿来了一本书。 (어제 그가 나에게 책을 한 권 갖다 주었다) 昨天他给我拿了一本书来。
	上/下/ 进/出 등	목적어는 보어 뒤 大家陆续走进教室。 (다들 잇달아 교실로 걸어 들어왔다) 我们先爬上山再说。 (우리는 먼저 산에 오른 다음에 이야기하자)		

유형	목적어가 장소명사인 경우	목적어가 사물명사인 경우			
		아직 발생하지 않았을 때		이미 발생했을 때	
복합방향보어	목적어는 '来/去' 앞	목적어는 '来/去' 앞	목적어를 보어 앞에 두는 경우도 있지만 자주 쓰지는 않는다.	목적어는 '来/去' 앞	목적어는 보어 뒤
	他们高兴地一起走上楼去。(그들은 기쁘게 함께 건물을 올라갔다)	请大家拿出书来。(모두들 책을 꺼내세요)	你从书架上拿一本书下来。(책꽂이에서 책 한 권을 꺼내라)	他刚从房间搬出一张桌子来。(그는 방금 방에서 탁자를 옮겼다)	他从房间里搬出来一张桌子。(그는 방에서 탁자를 옮겼다)

2. 단순방향보어와 복합방향보어

대부분의 단순방향보어는 상응하는 복합방향보어와 같은 의미를 가지는데, 선택할 때 의미 외에 구조와 음절도 대단히 중요하다. 방향보어 뒤에 목적어가 없고 방향보어가 문장 끝에 있을 경우 일반적으로 복향방향보어를 쓴다('上', '开'는 제외). 방향보어 뒤에 목적어나 다른 단어가 있으면 단순방향보어를 써도 되고 복합방향보어를 써도 된다.

(1) 那个人我想起了。(×)
   那个人我想起来了。(○)
   (그 사람이 나는 생각났다)

(2) 我想起那个人了。(○)
   我想起那个人来了。(○)
   (나는 그 사람이 생각났다)

3. 자주 쓰는 방향동사의 기본 의미

	의미	예문
上	동작이 낮은 곳에서 높은 곳으로 진행됨	他走上了楼。 (그는 건물을 걸어 올라갔다) 小鸟飞上了天。 (새가 하늘로 날아올랐다)
	함께 있음을 표시. 결합, 첨가, 부착의 의미를 포함	请大家闭上眼睛。 (모두 눈을 감아 주세요) 门已经关上了。 (문은 이미 닫혔다) 我们把邮票贴上吧。 (우표를 붙이자)
	목적에 도달했음을 표시. 좋은 변화를 나타내는데 사용	他的小说被选上了。 (그의 소설이 선택되었다) 他们也住上了好房子，开上了好车。 (그들도 좋은 집에서 살고 좋은 차를 몰게 되었다)
下	동작이 높은 곳에서 낮은 곳으로 진행됨	我们坐下休息一下吧。 (앉아서 잠시 쉬자) 他一个人走下了楼。 (그는 혼자서 건물을 내려갔다)
	수용할 수 있는 수량을 표시. 装, 放, 做, 摆 등의 동사를 자주 사용	这个教室能坐下两百人吗? (이 교실에 200명이 앉을 수 있니?) 那么多东西一个包都装下了吗? (그렇게 많은 물건을 가방 하나에 다 넣었니?)
	어떤 장소에 고정됨	你们两个留下，其他人可以走了。 (너희 둘은 남고 다른 사람은 가도 된다) 妈妈的话我都记下了。 (어머니의 말을 나는 모두 기억했다)
	분리, 완성	他放下了手里的杯子。 (그는 손에 있던 잔을 내려 놓았다) 请脱下外套坐在这儿。 (외투를 벗고 여기 앉으세요)
出来	안에서 밖으로 향함	他高兴地从教室里走出来。 (그는 기쁘게 교실에서 걸어 나왔다) 小民把书拿出来放在桌子上了。 (샤오민은 책을 꺼내 탁자 위에 놓았다)

	의미	예문
出来	숨겨졌던 것이 드러남	这个消息是从他们班传出来的。 (이 소식은 그들 반에서 흘러나왔다) 他心情很不好，但是没有表现出来。 (그는 기분이 아주 좋지 않았지만 표현하지 않았다.)
	동작을 통해 분별하고 식별함	这是什么菜你吃出来了吗? (이것이 무슨 요리인지 먹어보고 알았니?) 我早就认出他来了。 (나는 진작에 그를 알아봤다)
起来	낮은 곳에서 높은 곳으로 진행됨	他突然从椅子上站了起来。 (그는 갑자기 의자에서 일어났다) 太阳从东边升起来了。 (태양은 동쪽에서 뜬다)
	시작되고 지속됨	听了老师的话，大家都笑了起来。 (선생님 말을 듣고 모두 웃기 시작했다) 会议刚开始，大家就吵起来。 (회의가 시작되자마자 다들 다투기 시작했다)
	예측, 평가	这件衣服看起来很漂亮。 (이 옷은 보아하니 아주 예쁘다) 这首歌听起来很好听。 (이 노래는 들어보니 아주 듣기 좋다)
	분산된 것이 집중됨	快把东西都收拾起来吧。 (빨리 물건을 정리해라) 他把妈妈给的钱都攒起来了。 (그는 어머니가 주신 돈을 모두 모았다)
过来	화자가 있는 곳으로 건너 옴	他从那边走过来了。 (그는 그 곳에서 걸어왔다) 孩子向这边跑过来了。 (아이가 이쪽으로 뛰어왔다)
	능력의 여부	这么多工作你做得过来吗? (이렇게 많은 일을 할 수 있겠니?) 这么多人怎么数得过来? (이렇게 많은 사람들을 어떻게 셀 수 있겠어?)
	정상적인 상태로 회복	我已经把错字都改过来了。 (나는 이미 틀린 글자를 고쳤다) 他终于醒过来了。 (그는 마침내 정신이 들었다)

	의미	예문
过去	화자가 있는 곳을 떠남	我给他送过去一些书。 (나는 그에게 책을 약간 보냈다) 他急忙跑过去了。 (그는 급하게 뛰어갔다)
	다행히 통과하여 동작이 완성됨	父母就这样被他骗过去了。 (부모님은 이렇게 그에게 속아 넘어갔다) 那件事情就那样应付过去了。 (그 일은 그렇게 대처해서 넘겼다)
	정상적인 상태를 잃어버림	听了他的话，妈妈晕了过去。 (그의 말을 듣고 어머니가 기절하셨다) 病人又一次昏迷过去了。 (환자가 또 한번 혼수상태에 빠졌다)

● **Tips** ●

- '下來'와 '下去'

'下来'와 '下去'는 모두 동작행위가 계속됨을 의미한다. '下来'는 일반적으로 과거에서 현재까지 계속됨을 나타내며 현재의 결과를 강조한다. '下去'는 현재에서 미래까지 계속됨을 나타내며 미래의 계속을 강조한다.

(1) 虽然汉语很难，但是我还是坚持下来了。
　　(비록 중국어는 아주 어렵지만 나는 여전히 계속해왔다)

(2) 他经历了各种痛苦以后，终于活了下来。
　　(그는 갖은 고통을 겪은 후에 마침내 살아남았다)

(3) 我打算就在这里住下去。
　　(나는 여기에서 살 생각이다)

(4) 我一定会坚持下去的。
　　(나는 반드시 계속해 나갈 것이다)

三 가능보어

가능보어는 주관적, 객관적 조건이 어떤 결과나 방향을 실현하는 것을 허락하는지의 여부를 나타낸다. 주로 '동사+得/不+결과보어/방향보어'와 '동사+得/不+了(liǎo)'의 두 종류가 있다.

(1) 老师说的话我都听不懂。
(선생님이 하신 말씀을 나는 모두 이해할 수 없다)

(2) 妈妈做的菜我吃不完。
(어머니가 만든 음식을 나는 다 먹을 수 없다)

(3) 我今天晚上6点之前回不去，爸爸妈妈先睡吧。
(저는 오늘 저녁 6시 전에 돌아갈 수 없으니 아버지 어머니 먼저 주무세요)

(4) 那件事情我永远也忘不了。
(그 일은 나는 영원히 잊을 수 없다)

(5) 电视坏了，看不了了。
(텔레비전이 고장 나서 보지 못하게 되었다)

1. 가능보어와 '能'

가능보어와 '能'은 긍정문과 의문문에서 함께 사용할 수 있다. 의문문에서는 서로 대체할 수 있다.

(1) 你听得懂老师的话吗?
=你能听懂老师的话吗?
=你能听得懂老师说的话吗?
(너는 선생님 말씀을 이해할 수 있니?)

(2) 你先别说，我能想得出来。
(일단 말하지마. 내가 생각해낼 수 있어)

긍정적 의미를 나타낼 때, 즉 주관적, 객관적 조건이 어떤 결과나 방향으로 실현되는 것을 허락할 때 보통 '能'을 사용한다.

(1) 这个不太难，今天晚上下班之前我能做完。('做得完'은 잘 사용하지 않는다)

(이것은 별로 어렵지 않아서 오늘 저녁 퇴근 전에 나는 끝낼 수 있다)

(2) 他已经能看懂中国电影了。('看得懂'은 잘 사용하지 않는다)

(그는 이미 중국영화를 보고 이해할 수 있을 정도가 되었다)

부정적 의미를 나타낼 때, 즉 주관적, 객관적 조건이 어떤 결과나 방향으로 실현되는 것을 허락하지 않을 때 가능보어를 많이 사용한다.

(1) 菜太多了，我们两个人吃不完。(○)

(요리가 너무 많아서 우리 둘이서 다 먹을 수 없다)

菜太多了，我们两个人不能吃完。(×)

(2) 我一点儿也想不起来了。(○)

(나는 전혀 기억이 나지 않았다)

我一点儿也不能想起来了。(×)

'能'은 허가를 나타낼 수 있는데, 이 때는 가능보어를 사용할 수 없다.

(1) 对不起，这里正在开会，现在不能进去。(○)

(죄송하지만 이곳은 회의 중이라 지금은 들어갈 수 없습니다)

对不起，这里正在开会，现在进不去。(×)

(2) 教室里不能抽烟。(○)

(교실에서는 담배를 피우면 안 된다)

教室里抽不了烟。(×)

2. '동사 +得/不 +결과보어/방향보어'와 '동사 +得/不 +了'

두 종류 다 주관적, 객관적 조건이 실현될지의 여부를 나타낼 수 있지만 전자는 항상 결과나 방향이 있지만 후자는 결과와 방향과 무관하다.

(1) 这个电影我一点儿也看不懂。('看懂'을 실현할 수 없다)

(2) 这个电影我看不了。('看'을 실현할 수 없다)

3. '看得懂'과 '看懂了'

'看得懂'은 가능보어로, 가능여부를 나타내며 일반적인 상황이다. 그러나 '看懂了'는 결과보어이며 과거의 상황이다.

(1) 昨天的中国电影你看懂了吗? (어제 영화를 본 결과)

(어제 중국영화를 너는 보고 이해했니?)

(2) 中国电影你看得懂吗? (이런 능력, 가능성이 있는지의 여부를 물으며 일반적인 상황이다)

(중국영화를 너는 보고 이해할 수 있니?)

 양태보어

일반적으로 '得'와 함께 사용하며 동작을 묘사, 평가, 판단하는 데 주로 사용한다. 보통 형용사나 형용사구로 이루어지며 형용사 앞에 정도를 나타내는 '很' '非常' 등을 많이 쓴다.

(1) 他说汉语说得很好。

(그는 중국어를 매우 잘 한다)

(2) 他今天早上起得很早。

(그는 오늘 아침에 아주 일찍 일어났다)

(3) 他的篮球打得非常好。

(그는 농구를 매우 잘 한다)

형식은 다음과 같다.

1. 주어+동사+목적어+동사+得+(很)+형용사
   他 说 汉语 说 得 很 好。
2. 주어+(동사+목적어+)동사+得+(很)+형용사
   他 (说 汉语) 说 得 很 好。
3. 주어+(동사+)목적어+동사+得+(很)+형용사
   他 (说) 汉语 说 得 很 好。

양태보어를 써서 동작을 묘사하는 경우, 동사 뒤에 목적어가 있으면 동사를 중복해야 한다.

(1) 他说汉语很好。(×)

(2) 他说汉语得很好。(×)

(3) 他说汉语说得很好。(○)
    (그는 중국어를 매우 잘한다)

양태보어는 일반적으로 이미 발생한 동작이나 일반적인 동작을 묘사하기 때문에 과거를 나타내는 문장이나 일반적인 평론 문장에서 많이 사용한다.

(1) 昨天我睡觉睡得很晚。(과거)
    (어제 나는 매우 늦게 잤다)

(2) 今天我起得很早。(과거)
    (오늘 나는 매우 일찍 일어났다)

(3) 他唱歌唱得很好。(일반적 상황)
    (그는 노래를 매우 잘 한다)

(4) 我打篮球打得很好。(일반적 상황)
    (그는 농구를 매우 잘 한다)

양태보어의 부정은 보통 형용사 앞에 '不'를 둔다.

(1) 他游泳游得不好。
    (그는 수영을 잘 못한다)

(2) 老师说汉语说得不快。
    (선생님께서는 중국어를 천천히 말씀하신다)

五 정도보어

정도보어는 동작의 정도를 표시하는데 사용한다. 형식적으로 '得'를 쓰는 경우와 쓰지 않는 경우로 나눌 수 있다.

1. '得'를 쓰지 않는 정도보어는 '极', '死', '多', '远', '透'와 같은 형용사나 부사를 사용한다.

    (1) 听说考试合格了，他高兴极了。
    (시험에 합격했다는 말을 듣고 그는 무척 기뻤다)

    (2) 他的女朋友漂亮极了。
    (그의 여자친구는 아주 예쁘다)

    (3) 我快饿死了。
    (배가 고파 죽겠다)

    (4) 最近忙死了。
    (요즘 바빠 죽겠다)

    (5) 他的病好多了。
    (그의 병이 많이 좋아졌다)

    (6) 他比我高多了。
    (그는 나보다 키가 훨씬 크다)

    (7) 他的水平跟我的差远了。
    (그의 수준은 나보다 훨씬 떨어진다)

    (8) 他这个人坏透了。
    (그 사람은 너무 나쁘다)

    (9) 最近因为工作的事情烦透了。
    (최근에 일 때문에 스트레스가 극심하다)

> **Tips**
>
> '透了'는 일반적으로 소극적 의미의 동사 뒤에 사용된다.
>
> 他这个人坏透了。(O)
>
> (그 사람은 너무 나쁘다)
>
> 他这个人帅透了。(×)
>
> (그 사람은 너무 멋지다)

2. '得'를 쓰는 정도보어는 일반적으로 '很' '慌', '要命', '不得了', '得多' 등과 같은 부사나 구로 구성된다.

   (1) 他的钱多得很。

   (그는 돈이 매우 많다)

   (2) 最近累得慌, 什么也不想做。

   (최근에 너무 피곤해서 아무 것도 하고 싶지 않다)

   (3) 昨天晚上肚子疼得不得了, 什么也没吃。

   (어제 저녁에 배가 너무 아파서 아무것도 먹지 않았다)

   (4) 爸爸这个月忙得要命, 每天回家都很晚。

   (아버지는 이번 달에 너무 바빠서 매일 늦게 돌아오신다)

   (5) 他比我高得多。

   (그는 나보다 키가 훨씬 크다)

 수량보어

동사 뒤에서 동작의 수량을 표시하는 성분을 수량보어라고 한다. 간혹 형용사 뒤에서 변화의 양을 나타내기도 한다. 주로 동량보어와 시량보어가 있다.

(一) 동량보어

동작의 횟수를 나타내며 동량사를 사용한다. 주로 사용되는 동량사로는 '下', '次', '遍', '趟', '声' 등이 있다.

(1) 请等一下。
　　(잠시 기다리세요)

(2) 我去过北京三次，但是上海一次也没去过。
　　(나는 베이징은 세 번 가보았지만 상하이는 한 번도 가보지 못했다)

(3) 老师让我们读两遍课文。
　　(선생님은 우리에게 본문을 두 번 읽게 했다)

(4) 周末我得去一趟图书馆。
　　(주말에 나는 도서관에 한 번 갔다 와야 한다)

(5) 如果你不来一定要告诉我一声。
　　(만약 네가 오지 않을 거라면 반드시 내게 한 마디 해 줘)

1. 동량보어와 목적어의 위치

목적어	형식	예문
목적어가 대명사인 경우	동사+대명사+동량보어	我找他几次，他都不在。 (나는 그를 몇 번 찾았지만 그는 매번 없었다) 妈妈生气地看了我一眼。 (어머니는 화가 나서 나를 한 번 쳐다보셨다) 他突然打了我一下。 (그가 갑자기 나를 한 차례 때렸다)
목적어가 보통명사인 경우	동사+동량보어+명사	我昨天读了一遍课文。 (나는 어제 본문을 한 번 읽었다) 哥哥给我打过一次电话。 (형은 나에게 전화를 한번 했다) 我来介绍一下我的朋友。 (내 친구 소개 좀 할게)
목적어가 특정한 사람이나 지명인 경우	동사+인명/지명+동량보어, 혹은 동사+동량보어+인명/지명	我去过两次长城。=我去过长城两次。 (나는 만리장성에 두 번 가본 적이 있다) 他来找过小王一次。=他来找过一次小王。 (그는 샤오왕을 찾으러 한 번 왔었다)

2. 次, 遍

둘 다 동작의 횟수를 나타내지만 양자간에는 의미 차이가 있다. 즉 '遍'은 시작부터 마지막까지의 과정을 강조하지만 '次'에는 그런 의미가 없다. 따라서 지속성이 없는 동사에는 '遍'을 쓸 수 없다.

(1) 这本书我从头到尾看了一遍，发现很有意思。
   (이 책을 나는 처음부터 끝까지 한 번 읽어 봤는데 매우 재미있다는 사실을 발견했다)

(2) 我去过一次上海。(○)
   (나는 상하이에 한 번 가 본 적이 있다)
   我去过一遍上海。(×)

3. 趟

'趟' 역시 동작의 횟수를 나타내지만 일반적으로 '去', '来', '走', '跑', '回来' 등과 같이 '走'라는 행위와 관련된 동사 뒤에 놓인다.

(1) 麻烦你回来一趟，我有重要的事情。
   (귀찮겠지만 한 번 돌아와줘요. 나에게 중요한 일이 있어요)

(2) 我昨天去了一趟首尔。
   (나는 어제 서울에 한 번 갔다 왔다)

(3) 你来一趟釜山行吗?
   (네가 부산을 한 번 왔다가 가면 안되겠니?)

(二) 시량보어

동작행위의 지속시간을 나타내며 시량사를 사용한다.

(1) 昨天晚上我睡了八个小时。
   (어제 저녁에 나는 여덟 시간을 잤다)

(2) 我想看一会儿书。
   (나는 잠시 책을 읽고 싶다)

(3) 我来中国五年了。
   (나는 중국에 온 지 5년이 되었다)

(4) 我在这儿等他一个小时了。
   (나는 여기서 그를 한 시간 동안 기다리고 있다)

(5) 他大学毕业两年了。

(그는 대학을 졸업한 지 2년 되었다)

1. 목적어의 위치

목적어	형식	예문
목적어가 대명사인 경우	동사+대명사+시량보어	我找他好几天了，但是还没找到他。 (나는 그를 며칠 동안 찾았지만 아직도 그를 찾지 못했다) 我在外边等了他半天。 (나는 밖에서 그를 한참 동안 기다렸다)
목적어가 보통명사인 경우	동사+시량보어+명사	我学过半年汉语。 (나는 반 년 동안 중국어를 배운 적이 있다) 我想看一会儿书。 (나는 잠시 책을 보고 싶다) 他睡两个小时觉。 (그는 두 시간 동안 잤다)
목적어가 특정한 인명인 경우	동사+인명+시량보어, 혹은 동사+시량보어+인명	我等了小王两个小时。=我等了两个小时小王。 (나는 샤오왕을 두 시간 기다렸다.)
목적어가 장소명사인 경우	동사(来/去/到/回 등)+장소명사+시량보어	我来韩国两年多了。 (나는 한국에 온 지 2년이 넘었다) 他到那儿快两个小时了。 (그가 그 곳에 간 지 2년이 되어간다)

2. '了'

시량보어와 '了'를 함께 사용할 경우 동사 뒤의 '了'는 동작의 완성을 나타내고 문장 끝의 '了'는 여러 의미를 나타낸다.

A. 동사가 지속성이 없는 경우 문장 끝의 '了'는 상태의 지속을 나타낸다.

(1) 他来韩国一年了。(그가 한국에 온 상태가 1년 동안 지속되었음을 표시)

(그는 한국에 온 지 1년 되었다)

(2) 他结婚五年了。(그가 결혼을 한 이후의 상태가 5년간 지속되었음을 표시)

(그는 결혼한 지 5년 되었다)

B. 동사가 지속성이 있는 경우에는 동작의 지속을 나타낸다.

他学汉语学了一年了。(아직 공부를 하고 있는 중)

(그는 중국어를 공부한 지 1년 되었다)

他学汉语学了一年。(이미 공부하지 않음)

(그는 중국어를 1년 동안 공부했었다)

전치사구보어

전치사 '于,' '向', '自', '往', '给', '到', '在' 등으로 구성된 전치사구를 사용해서 장소, 시간, 방향, 대상, 비교 등의 의미를 나타낸다.

(1) 你把书放在桌子上吧。

(책을 탁자 위에 놓아두어라)

(2) 这列车开往首尔。

(이 열차는 서울행이다)

(3) 爸爸每天都工作到深夜。

(아버지는 매일 늦은 밤까지 일하신다)

(4) 他生于1973年。

(그는 1973년에 태어났다)

(5) 小民来自韩国的首尔。

(샤오민은 한국의 서울에서 왔다)

(6) 我想把这件礼物送给大成。

(나는 이 선물을 대성에게 주고 싶다)

Exercises

一. 적절한 단어를 골라 칸을 채우세요.

   1. 下, 遍, 声, 趟
      (1) 他敲了一___门，但是好像房间里没有人。
      (2) 老师让我们读两___课文。
      (3) 如果不回家应该给妈妈打个电话说一___。
      (4) 我很忙，麻烦你跑一___。

   2. 在, 于, 成, 掉, 住
      (1) 他毕业___首尔大学。
      (2) 这件事情发生___1988年。
      (3) 老师让我把这个句子翻译___汉语。
      (4) 你小心点儿，别把杯子碰___了。
      (5) 这次我一定要抓___这个好机会。

   3. 上, 下, 出来, 下来, 过去
      (1) 太冷了，把门关___吧！
      (2) 你一个人留___行吗？
      (3) 你吃___这是什么菜了吗？
      (4) 听了这个消息以后，他一下子就晕___了。
      (5) 学汉语很难，但是我还是坚持___了。

二. 틀린 문장을 고르세요.

   1. A. 他昨天把自行车修好了。
      B. 我听懂他的话了。
      C. 我做作业完了。
      D. 朋友已经变成美女了。

Exercises

2. A. 那个人我想起来了。
    B. 那个人我想起了。
    C. 那个人我想不起来了。
    D. 我想不起那个人了。
3. A. 他已经回去学校了。
    B. 爸爸是走过来的。
    C. 大家都爬上去了。
    D. 哥哥已经回家去了。
4. A. 我一点儿也不能认出他来了。
    B. 老师的话我一点儿也没听懂。
    C. 我一点儿也认不出他来了。
    D. 老师的话我一点儿也听不懂。
5. A. 他游泳游得好。
    B. 他不游泳游得很好。
    C. 他游得很好。
    D. 他游泳游得不太好。

三. 문장을 완성하세요.

1. 紧紧，妈妈，我的手，说，好像，握住，要，什么
2. 进，了，教室，老师，走，来
3. 今天，回，不，晚上，我，6点之前，去
4. 得，昨天，很晚，睡，我，睡觉
5. 结婚，了，两年，我，多
6. 送，想，把，我，这件，礼物，给爸爸

04 문장 종류

개요 ▶
비교문 ▶
특수문형 ▶
복문 ▶

개요

 **기능적 분류**

문장은 기능이나 어기와 같이 다양한 기준에 따라 분류할 수 있는데, 크게 진술문, 의문문, 명령문, 감탄문으로 나눌 수 있다.

(一) 진술문

진술문은 진술하는 어기로 사실을 설명하고 서술하며 가장 광범위하게 사용된다.

   (1) 我比他大五岁。
        (나는 그보다 다섯 살이 많다)
   (2) 他是我的哥哥。
        (그는 내 형이다)

(二) 의문문

의문문은 의문의 어기를 사용해서 문제를 제기하는 문장이며 문장 끝에 의문부호를 붙인다.

 (1) 你什么时候去学校?
   (너는 언제 학교에 가니?)
 (2) 你看了几本书?
   (책을 몇 권 봤니?)

(三) 명령문

명령문은 명령의 어기를 사용해서 명령, 금지, 권유, 부탁을 표현한다.

 (1) 请你再来一次!
   (한번 더 와주세요)
 (2) 不许随便停车。
   (함부로 주차할 수 없다)

(四) 감탄문

감탄문은 감탄의 어기를 사용해서 감격, 놀람, 분노 등의 강한 감정을 표현한다.

 (1) 这个地方太美了!
   (이 곳은 정말 아름답다!)
 (2) 这个孩子多么聪明啊!
   (이 아이는 얼마나 총명한지!)

문장의 종류 (기능과 어기에 따라)
- 진술문 : 他是我的哥哥。
- 의문문 : 你看了几本书?
- 명령문 : 请你再来一次!
- 감탄문 : 这个地方太美了!

二 구조적 분류

문장은 구조에 따라 단문과 복문으로 나뉜다. 단문은 다시 주술문과 비주술문으로 나뉜다. 복문은 둘 혹은 둘 이상의 의미가 연관된 절로 구성되는데, 이 부분은 뒤에서 따로 상세하게 다룰 것이다.

(一) 주술문

주술문은 동사성 술어문, 형용사성 술어문, 명사성 술어문, 주술술어문으로 나눌 수 있다.

1. 동사성 술어문
   他去了一趟商店。(술어는 동사)
   (그는 상점에 갔다 왔다)

2. 형용사성 술어문
   天气特别晴朗。(술어는 형용사)
   (날씨가 특별히 맑고 깨끗하다)

3. 명사성 술어문
   这位老奶奶八十多岁了。(술어는 명사나 명사구)
   (이 할머니는 팔십 세가 넘었다)

4. 주술술어문
   这件事我们都不太清楚。(술어는 주술구)
   (이 일은 우리도 잘 모른다)

(二) 비주술문

비주술문은 동사성 비주술문, 형용사성 비주술문, 명사성 비주술문, 감탄사문으로 나눌 수 있다.

1. 동사성 비주술문

    禁止吸烟。

    (흡연금지)

2. 형용사성 비주술문

    太对了！

    (정말 맞아!)

3. 명사성 비주술문

    好球！

    (나이스 볼!)

4. 감탄사문

    啊！(감탄사로 구성)

    (아!)

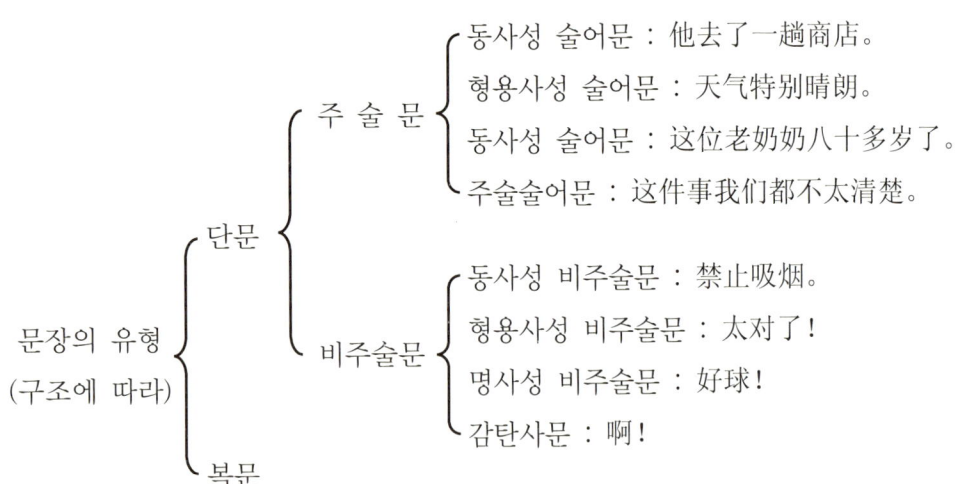

비교문

비교문이란 술어에 비교의 의미를 가진 단어나 비교 형식이 포함되어 있고 비교의 의미가 있는 문장을 말한다. 의미상으로 사물의 성질이나 정도의 차이, 고저를 나타내는 비교문과 사물, 성질, 상태의 이동(異同)을 나타내는 비교문으로 나눌 수 있다.

(1) 他比我高。
　　(그는 나보다 키가 크다)
(2) 我的衣服和他的不一样。
　　(내 옷은 그의 것과 다르다)
(3) 我越来越喜欢汉语。
　　(나는 갈수록 중국어가 좋아진다)
(4) 我没有他那么喜欢打篮球。
　　(나는 그만큼 농구하는 것을 좋아하지는 않는다)
(5) 我的汉语不如他。
　　(내 중국어는 그보다 못하다)
(6) 这棵树有四层楼那么高。
　　(이 나무는 4층 건물만큼 높다)

 '比'자문

'比'자문은 비교문의 한 종류이다. 두 사물을 비교할 때 전치사 '比'를 사용하여 비교의 대상을 끌어낸다. '比'는 뒤에 오는 단어와 함께 전치사구를 이루고 문장에서 부사어가 되며 사물의 성질이나 정도의 차이를 설명한다. '比'자문에서는 술어로 형용사와 바람, 애호, 사유활동을 나타내는 동사 및 증가, 감소 등의 의미를 가진 동사를 사용할 수 있다.

기본형식은 'A+比+B+차이'이다.

(1) 他比我大。(형용사술어)
    (그는 나보다 나이가 많다)
(2) 他游泳游得比我好。(형용사술어)
    (그는 나보다 수영을 잘 한다)
(3) 他比我更喜欢吃水果。(애호를 나타내는 동사 술어)
    (그는 나보다 더 과일을 좋아한다)
(4) 今年公司的收入比去年增长了10%。(증가, 감소를 나타내는 동사 술어)
    (올해 회사 수입은 작년보다 10%가 증가했다)

'比'자문을 사용할 때 구체적인 차이를 나타내는 단어는 술어 뒤에 두어야 한다. 기본형식은 'A+比+B+구체적 차이'이다.

(1) 他比我两岁大。(×)
    他比我大两岁。(○)
    (그는 나보다 두 살이 많다)
(2) 他比我十多公斤重。(×)
    他比重我十多公斤。(○)
    (그는 나보다 10여 킬로그램이 더 나간다)

'比'자문의 형용사는 '很', '非常', '特别', '太' 등의 정도부사의 수식을 받을 수 없다. 정도의 차이를 나타낼 때는 형용사 뒤에 '一点儿', '一些', '得多', '多了' 등을 써야 한다.

기본형식은 'A+比+B+형용사+得多/多了/一点儿/一些'이다.

(1) 冬天，中国南方的温度比北方非常高。(×)
冬天，中国南方的温度比北方高得多。(○)
(겨울에 중국 남방의 기온은 북방보다 훨씬 높다)

(2) 他比我有点儿高。(×)
他比我高一点儿。(○)
(그는 나보다 키가 조금 더 크다)

(3) 他每天看电视的时间比我很多。(×)
他每天看电视的时间比我多得多。(○)
(그는 매일 텔레비전을 보는 시간이 나보다 훨씬 많다)

'比'자문의 의미상의 부정형식은 '没有'를 사용한다. 기본형식은 'A+没有+B+형용사'이다.

(1) 他的房间没有我的干净。
(그의 방은 내방보다 깨끗하지 않다)

(2) 去上海的飞机票没有去北京的贵。
(상하이행 비행기표는 베이징행보다 비싸지 않다)

(3) 他今天的发型没有往常漂亮。
(그는 오늘 머리스타일이 평소보다 멋지지 않다)

주의 ▶

만약 '不比'로 부정을 하면 의미가 완전히 달라진다. 예를 들어서 "他的房间不比我的干净"의 의미는 내 방과 그의 방이 거의 똑같이 깨끗하다는 것을 강조하는 것이 된다.

술어가 '更', '还'의 수식을 받는 경우 정도가 한 단계 더 나아감을 나타낸다. 기본형식은 'A+比+B+更/还+형용사'이다.

(1) 明天比今天还热。(오늘도 아주 더운데 내일은 오늘보다 더 덥다는 의미)
(내일은 오늘보다 더 덥다)

(2) 他比我更想去北京。(우리는 모두 중국에 가고 싶은데 그가 나보다 더 가고 싶어한다는 의미)
(그는 나보다 더 베이징에 가고 싶어한다)

(3) 他踢足球踢得比我还好。(우리 둘 다 축구를 잘하는데 둘 중에서 그가 더 잘한다는 의미)
(그는 나보다 축구를 더 잘한다)

 **'A+跟/和/同/与+B+一样/相同/差不多'**

'A+跟/和/同/与+B+一样/相同/差不多'는 두 사물이 서로 같거나 차이가 크지 않음을 나타낸다.

(1) 他今天的打扮跟以前差不多。
(그의 오늘 차림새는 이전과 별 차이가 없다)

(2) 你说的话跟我妈妈一样。
(네가 한 말은 우리 어머니와 같다)

(3) 他的成绩跟我的相同。
(그의 성적은 나와 비슷하다)

'一样' 뒤에 구체적인 묘사를 첨가할 수도 있다. 기본형식은 'A+跟/和/同/与+B+一样+구체적 묘사'이다.

(1) 他和我一样高。
(그는 나만큼 크다)

(2) 我的书和他的一样多。
(내 책은 그만큼 많다)

(3) 他跟我一样喜欢打篮球。
(그는 나만큼 농구하는 것을 좋아한다)

서로 다름을 나타낼 때는 '一样'이나 '相同' 앞에 '不'를 첨가한다.
(1) 他的爱好和我的不(相)同。
(그의 취미는 나와 다르다)
(2) 今天比赛的结果跟我想的不一样。
(오늘 대회 결과는 내가 생각한 것과 달랐다)

> **Tips**
>
> 'A+跟/和/同/与+B+一样/相同/差不多' 형식에서 앞의 전치사는 반드시 '跟', '和', '同', '与' 등을 사용해야 하며 '比'를 사용해서는 안 된다.
> (1) 他的朋友比我的一样多。(×)
> (2) 他的朋友跟我的一样多。(○)
> (그의 친구는 나만큼 많다)

 **'不如'구문**

한 사람 혹은 하나의 사물이 다른 사람이나 사물보다 못하다는 것을 나타낼 때, '不如'를 사용한다. 기본형식은 'A+不如+B' 혹은 'A+不如+B+형용사'이다.
(1) 他的成绩不如我。
(그의 성적은 나만 못하다)

(2) 我看的书不如他多。
(내가 본 책은 그만큼 많지 않다)
(3) 我的房间不如他的干净。(○)
(내 방은 그의 방만큼 깨끗하지 못하다)
(4) 他的房间不如我的脏。(×)
(그의 방은 내 방만큼 더럽지 못하다)

'不如'를 사용해서 비교를 나타낼 때 비교되는 대상 뒤에 형용사나 동사를 사용하지 않아도 된다. 의미는 '…不如…好'이다(위의 예문1).

만약 형용사나 동사를 필요로 한다면 그것들은 일반적으로 적극적인 의미를 가지고 있다(위의 예문3과 예문4).

四 '有'구문

'有'나 '没有' 역시 두 사물을 비교하는데 사용할 수 있으며 첫 번째 사물이 두 번째 사물의 기준이나 정도에 도달했는지의 여부를 나타낼 수 있다. 일반적인 상황에서 문장에 차이를 나타내는 어휘 앞에 종종 '这么'나 '那么'를 사용한다.

(1) 我没有你这么想出国。
(나는 너만큼 그렇게 외국에 가고 싶지는 않다)
(2) 我妹妹没有她那么瘦。
(내 여동생은 그녀만큼 그렇게 마르지는 않았다)
(3) 他家的客厅有篮球场那么大。
(그의 집 거실은 농구장만큼이나 넓다)
(4) 我觉得半个小时的时间有十年那么长。
(나는 30분이라는 시간이 10년만큼이나 길다고 생각되었다)

술어 앞에 '这么'와 '那么' 중에서 어느 것을 사용할 것인지는 '没有' 뒤의 단어와 화자간의 거리에 따라서 결정된다. 거리가 가까우면 '这么'를 사용하고(예문 1) 거리가 멀면 '那么'를 사용한다(위의 예문 2).

● Tips ●

'没有'구문과 '不如'구문의 차이

1. '没有'구문에서 술어동사는 적극적인 의미를 나타낼 수도 있고 소극적인 의미를 나타낼 수도 있지만 '不如'구문에서는 적극적인 의미만을 나타낼 수 있다.

    (1) 他的房间没有你的大。(○)
        (그의 방은 네 방만큼 크지 않다)
    (2) 你的房间没有他的小。(○)
        (너의 방은 그의 방만큼 작지 않다)
    (3) 他的房间不如你的大。(○)
        (그의 방은 네 방만큼 크지 않다)
    (4) 你的房间不如他的小。(×)

    위 예문에서 '大'는 적극적인 의미를 가진 단어이기 때문에 '没有'구문과 '不如'구문에서 모두 쓸 수 있다. 그러나 '小'는 소극적 의미를 나타내기 때문에 '没有'구문에서만 쓸 수 있다.

2. '没有'구문에서는 '这么', '那么' 등을 써서 수식할 수 있지만 '不如'구문에서는 쓸 수 없다.

    (1) 他的朋友没有你的这么多。(○)
        (그의 친구는 네 친구만큼 많지 않다)
    (2) 他的朋友不如你的这么多。(×)

3. '不如' 뒤에서 술어로 사용되는 형용사는 때로 생략할 수 있지만 '没有' 구문에서는 생략할 수 없다.

(1) 我的汉语不如他。(○)
    (내 중국어는 그만 못하다)
(2) 我的汉语没有他。(×)

 '越來越'와 '越…, 越…'

동일한 사람 혹은 사물의 수량이나 정도가 시간의 변화에 따라 변화하는 상황을 비교할 때 '越来越'와 '越…, 越…'를 사용한다.

(1) 她越来越漂亮了。
    (그녀는 갈수록 예뻐진다)
(2) 我越来越喜欢这个城市了。
    (나는 갈수록 이 도시가 좋아졌다)
(3) 他越游越快。
    (그는 수영을 할수록 속도가 빠르다)
(4) 天气越热，空调卖得越好。
    (날씨가 더워질수록 에어컨이 잘 팔린다)

1. '越来越'는 주어 뒤에 두어야 한다.

    越来越天气暖和了。(×)

    天气越来越暖和了。(○)

    (날씨가 갈수록 따뜻해졌다)

2. '越来越' 문장에서 다른 정도부사가 술어를 수식할 수 없다.

   天气越来越很热了。(×)

   天气越来越热了。(○)
   　　(날씨가 갈수록 더워졌다)

3. '越来越' 뒤의 술어는 주로 형용사나 심리활동을 나타내는 동사를 사용한다. 변화의 의미가 없는 동사는 사용할 수 없다.

   雨越来越下大了。(×)

   雨下得越来越大了。(○)
   　　(비가 갈수록 많이 내렸다)

4. '越…, 越…' 구문에서 주어가 하나면 주어는 첫 번째 '越' 앞에 두어 '주어+越…越…'의 구조를 이룬다. 주어가 두 개면 각각 두 개의 '越' 앞에 두어 '주어1+越…, 주어2+越…'의 구조를 만든다.

   (1) 孩子越长越高。
   　　(아이는 자랄수록 키가 커진다)

   (2) 你越批评他，他越紧张。
   　　(네가 그를 야단칠수록 그는 더 긴장한다)

Exercises

一. 틀린 곳을 고치세요.

1. 他比我不高。
2. 他打球得比我好。
3. 昨天没有今天那么热。
4. 他的衣服的颜色比我的不一样。
5. 他的中国朋友不如我的少。
6. 他越来越考得好。
7. 雨越下越大多了。

二. 적절한 단어를 골라 칸을 채우세요.

1. A. 小   B. 大   C. 乱   D. 脏   E. 难看
   我家的厨房不如他的_____。

2. A. 比   B. 没有   C. 有   D. 越来越   E. 和
   我家乡的气候_____北京不一样。

3. A. 有   B. 比   C. 和   D. 越来越   E. 一样
   他的汉语水平_____你弟弟那么高吗?

4. A. 的   B. 得   C. 地   D. 还   E. 一样
   他踢足球踢_____比我好。

5. A. 比   B. 更   C. 跟   D. 特别   E. 很
   中国老师的讲课风格_____我的国家完全不同。

三. 괄호 안의 단어를 정확한 위치에 넣으세요.

1. A你B说得越多，C他D生气。(越)

Exercises

2. A今天B比C昨天D。(高三度)
3. A他们俩B一样C高D。(差不多)
4. A我B比他C来D一个学期。(晚)
5. A他B比我C写D了二十个字。(少)

四. 질문에 대한 올바른 답을 고르세요.

1. 甲：他妹妹有多高?

   乙：_____。

   A. 他妹妹有我一样高。
   B. 他妹妹高和我一样。
   C. 他妹妹有我这么高。
   D. 他妹妹和我高一样。

2. 甲：你和小张，谁的汉语好?

   乙：_____。

   A. 我没有小张。
   B. 我不如小张。
   C. 我不比小张。
   D. 我比小张一样。

3. 甲：你觉得学汉语有意思吗?

   乙：_____。

   A. 我越学越有意思。
   B. 我觉得汉语越学越有意思。
   C. 我越学汉语，汉语越有意思。
   D. 我越有意思越学汉语。

Exercises

4. 甲：张丽喜欢跳舞，你也喜欢吗？

   乙：＿＿＿＿＿＿＿。

   A. 我也喜欢，可是没有张丽那么喜欢。
   B. 我也喜欢，可是没有张丽这么喜欢。
   C. 我不跟张丽一样喜欢跳舞。
   D. 我跟张丽一样不喜欢跳舞。

5. 甲：你和他都不喜欢考试吗？

   乙：＿＿＿＿＿＿＿。

   A. 是的。我们一样不喜欢考试。
   B. 是的。我们不一样喜欢考试。
   C. 是的。我们喜欢考试不一样。
   D. 不是。我们不喜欢考试一样。

五. 문장을 완성하세요.

1. 比，一点儿，多，他的，我的朋友
2. 看，我，爱，一样，电影，跟他
3. 白天的课，有意思，晚上的，不如
4. 越，成绩，好，你，努力，学习，就，越
5. 比我，愿意，他，更，别人，帮助

Section 3 특수문형

 연동문

둘 혹은 둘 이상의 동사(구)를 사용하여 동일한 주어를 묘사하고 설명하는 문장을 연동문이라고 한다. 이런 문장은 중간에 멈추는 것이 없고 상관어구나 절들간의 논리적 관계도 없다. 기본형식은 '주어+술어1+(목적어1)+술어2+(목적어2)+술어3+(목적어3)'이다.

(1) 我去书店买书。
 (나는 서점에 책을 사러 간다)
(2) 他打开车门坐了进去。
 (그는 차 문을 열고 탔다)
(3) 我找他陪我去商店买衣服。
 (나는 나를 데리고 상점에 옷을 사러 가자고 그를 찾았다)

위 예문들에서 동사는 동작발생의 순서에 따라 나열되기 때문에 그들의 위치는 고정적이며 서로 바꿀 수 없다. 동사들간의 의미 관계도 다양하다.

(1) 他穿上衣服走了出去。(동작의 순서)
    (그는 옷을 입고 걸어 나갔다)
(2) 我每天骑车上班。(첫 번째 동작은 두 번째 동작의 방식이나 수단)
    (나는 매일 자전거를 타고 출근한다)
(3) 我陪小张去银行换钱。(세 번째 동작은 두 번째 동작의 목적)
    (나는 샤오장을 데리고 은행에 돈을 바꾸러 갔다)
(4) 他在那儿站着不动。(두 동작은 정반 두 측면에서 하나의 사실을 설명)
    (그는 그곳에 선 채 꼼짝도 하지 않았다)
(5) 他听到这个消息激动得哭了。(두 번째 동작은 첫 번째 동작의 결과)
    (그는 이 소식을 듣고 흥분해서 울었다)

그 밖에 연동문의 첫 번째 동사가 '有' 혹은 '没有'이고 뒤에 하나의 명사가 연결된 형태라면 그것으로 두 번째 동작발생의 원인이나 조건을 설명한다.

(1) 我有一个消息要告诉你。(조건)
    (나는 너에게 알려줄 소식이 있다)
(2) 你没有资格参加这次考试。(조건)
    (너는 이번 시험에 참가할 자격이 없다)
(3) 他有事不来了。(원인)
    (그는 일이 있어서 오지 않았다)

일부 연동문은 동사의 중첩형식을 사용할 수 있지만 그럴 경우 반드시 뒤의 동사를 중첩시켜야 한다.

(1) 你去他家看看他吧。
    (그의 집에 가서 그를 한 번 만나보렴)
(2) 我们开欢迎会欢迎欢迎他。
    (우리는 환영회를 열어서 그를 환영하자)

연동문에서 부사어는 일반적으로 첫 번째 동사 앞에 둔다. 시간부사어는 문장 앞에 둘 수도 있지만 뒷 동사 앞에 둘 수는 없다.

我的朋友小王鼓励我昨天当一名好老师。(×)

我的朋友小王昨天鼓励我当一名好老师。(○)
(내 친구인 샤오왕이 어제 나에게 좋은 선생님이 되라고 격려해 주었다)

부정형식은 첫 번째 동사 앞에 '不'나 '没(有)'를 쓴다.

他告诉我明天去他家不吃晚饭。(×)

他没告诉我明天去他家吃晚饭。(○)
(그는 나에게 내일 그의 집에 저녁을 먹으러 오라고 말하지 않았다)

연동문에서 뒤의 동작행위가 앞동작의 목적으로, '来/去/到+(장소목적어)+동사+목적어' 형식일 때 '了'는 첫 번째 동사 뒤에 놓을 수 없다.

(1) 昨天他去了学校看电影。(×)

(2) 昨天他去学校看电影了。(○)
(어제 그는 학교에 영화를 보러 갔다)

하지만 여러 개의 동작이 연이어 발생하는 경우로, '동사1+목적어1+동사2+목적어2' 형식일 때는 앞의 동사 뒤에 了를 쓴다.

(1) 下午去学校拿了书包才回家。(×)

(2) 下午去了学校拿书包才回家。(○)
(오후에 학교에 가서 책가방을 가지고서야 집으로 돌아왔다)

 겸어문

겸어구를 술어나 독립된 문장으로 쓰는 것을 겸어문이라고 한다. 겸어구란 술목구와 주술구가 겹쳐져 있어 술목구의 목적어가 주술구의 주어를 겸하는 것을 말한다. 예를 들어서 "他鼓励我好好学习(그는 내가 열심히 공부하도록 격려했다)"라는 문장에서 '我'는 '鼓励'의 목적어이자 '学习'의 주어이다. '他鼓励我'는 술목구이고 '我好好学习'는 주술구이다. '他鼓励我好好学习'는 '他鼓励我'라는 술목구와 '我好好学习'라는 주술구가 겹쳐진 것으로, 겸어문이다.

일반적으로 겸어문의 첫 번째 동사는 다음과 같은 의미적인 특징을 가진다.

1. '사역'의 의미를 가진 동사로서 일정한 결과를 끌어낸다. 请(부탁하다), 叫(시키다), 让(시키다), 派(파견하다), 催(재촉하다), 逼(핍박하다), 求(부탁하다), 托(부탁하다), 命令(명령하다), 吩咐(명령하다), 动员(동원하다), 促使(촉진시키다), 发动(행동하게 하다), 组织(조직하다), 鼓励(격려하다), 号召(부르다), 禁止(금지하다) 등은 종종 겸어문을 만든다.

    (1) 我请他给我们作报告。('请'은 사역의 의미를 가진 동사)
    (나는 그에게 우리한테 보고를 해 달라고 요청했다)

    (2) 张老师要求我们每天用汉语写日记。('要求'는 사역의 의미를 가진 동사)
    (장선생님은 우리에게 매일 중국어로 일기를 쓰기를 요구하셨다)

2. '칭찬'이나 '질책'의 의미를 가진 타동사, 즉 爱(사랑하다), 笑(비웃다), 恨(싫어하다), 嫌(싫어하다), 气(화내다), 骂(욕하다), 喜欢(좋아하다), 感谢(감사하다), 埋怨(원망하다), 称赞(칭찬하다), 表扬(칭찬하다), 担心(걱정하다) 등은 종종 겸어문을 만든다. 뒷구의 동작이나 상태는 첫 번째 동사가 만든 원인이다. 이런 겸어문에서는 앞뒤의 술어가 인과관계를 가지고 있다.

    (1) 老师表扬他考试考得好。('考试考得好'는 '老师表扬他'의 원인)
    (선생님께서 그가 시험을 잘 쳤다고 칭찬하셨다)

    (2) 他嫌我对他态度不好。('我对他态度不好'는 '他嫌我'의 원인)
    (그는 그에 대한 태도가 좋지 않다고 나를 싫어한다)

3. '호칭'이나 '인정'의 의미를 가진 동사, 즉 选(고르다), 选择(선택하다), 推选(선출하다), 认(인정하다), 称(~라고 부르다)과 같은 단어들은 겸어문을 만들 수 있다.

    (1) 我们推选他当班长。
    (우리는 그를 반장으로 선출했다)

(2) 他认那个孩子做儿子。

　　(그는 그 아이를 아들로 삼았다)

4. 앞의 동사가 有(있다), 轮(순서가 되다) 등의 동사로서 소유나 존재를 표시할 때 겸어문을 구성할 수 있다.

   (1) 我有个朋友开了一家公司。

　　(나는 회사를 창업한 친구가 한 명 있다)

   (2) 我们没有人反对你的意见。

　　(우리 중에서 네 의견에 반대하는 사람은 없다)

5. 긍정의 의미를 나타내는 '是' 역시 겸어문을 만들 수 있다.

   (1) 是他帮助了我。

　　(그가 나를 도와주었다)

   (2) 是我们校长给他付了学费。

　　(우리 교장이 그에게 학비를 내 주었다)

● Tips ●

1. 시간사는 겸어문의 첫 번째 동사 뒤에 둘 수 없다.

   (1) 我请他明天下午吃饭。(×)

   (2) 我明天下午请他吃饭。(○)

　　(나는 내일 오후에 그에게 식사대접을 할 것이다)

2. 첫 번째 술어동사와 겸어 사이에 일반적으로 '着', '了', '过' 등의 기타 성분을 붙일 수 없다.

   (1) 公司派了我跟他们商讨这个问题。(×)

   (2) 公司派我跟他们商讨这个问题。(○)

　　(회사에서 그들과 이 문제를 논의하도록 나를 파견했다)

3. 겸어문에서 겸어 뒤에 연동구조를 가질 수 있는데, 연동문의 두 번째 술어동사도 겸어를 가질 수 있다.

(1) 老师通知我们明天下午三点到会议室开会。
(선생님은 우리에게 내일 오후 세 시에 회의실에서 회의를 한다고 알려 주었다)

(2) 他有一个美国朋友教他说英语。
(그는 그에게 영어회화를 가르쳐주는 미국 친구가 한 명 있다)

 존현문

존현문은 어떤 장소나 시점에 사람이나 사물이 존재, 출현, 소실하는 것을 서술하거나 설명하는 문장이다.

(1) 桌子上放着三本书。(어떤 장소에 어떤 사물이 존재함을 표시)
(책상 위에 책이 세 권 놓여있다)

(2) 湖边坐着一对夫妻。(어떤 장소에 어떤 사람이 존재함을 표시)
(호수 가에 부부가 앉아있다)

(3) 身后出现了一个警察。(어떤 장소에 어떤 사람이 출현함을 표시)
(뒤에서 경찰이 나타났다)

(4) 这时走来一位四十来岁的女士。(어떤 시점에 어떤 사람이 출현함을 표시)
(이 때 사십 세쯤 되는 여자가 걸어왔다)

(5) 我们楼里搬走了一家人。(어떤 장소에서 어떤 사람이 소실됨을 표시)
(우리 건물에서 한 가족이 이사 갔다)

(6) 昨天邻居家死了一只鸟。(어떤 시점에 어떤 사물이 소실됨을 표시)
(어제 이웃집에 새 한 마리가 죽었다)

문장의 의미와 형식적 특징에 따라 존재문과 은현문으로 나눌 수 있다.

존재문이란 존재를 나타내는 존현문을 말한다. 기본형식은 '장소+동사술어+사물/사람'이다. 술어동사의 특징에 따라 다시 'V着'구, 'V了'구, 'V过'구, 'V有'구, '有', '是'구, 명사성 술어구 등으로 나눌 수 있다.

(1) 墙上挂着一张地图。('V着'구)

　　(벽에 지도가 한 장 걸려있다)

(2) 阳台上放了一盆花。('V了'구)

　　(베란다에 꽃화분이 하나 놓여있다)

(3) 这栋楼里曾经住过很多留学生。('V过'구, 여기에서 '过'는 상태를 나타내는 어감이 매우 강하므로 '着'로 교체할 수 있다. '着'로 교체할 수 없는 것은 존현문이 아니다)

　　(이 건물에 일찍이 아주 많은 유학생들이 살았던 적이 있다)

(4) 办公室里挂有一幅梵高的名画。('V有'구, 문어체이다. '有'는 '着'로 교체할 수 있다)

　　(사무실에 반 고흐의 명화 한 점이 걸려 있다)

　　宿舍的墙上有一面镜子。

　　(기숙사 벽에 거울이 하나 걸려있다)

(5) 窗外是一片绿绿的草地。('是'자구)

　　(창 밖은 푸른 풀밭이다)

(6) 村子里有一所小学。('有'자구)

　　(마을에 초등학교가 하나 있다)

(7) 楼下一个宽阔的广场。(명사성 술어구)

　　(건물 아래에 넓은 광장이 하나 있다)

은현문이란 출현과 소실을 나타내는 존현문을 말한다. 어떤 장소나 시점에 어떤 사람이나 사물이 출현하는 것을 나타내는 문장을 출현문이라고 하고, 소실되는 것을 나타내는 문장을 소실문이라고 한다. 기본형식은 '장소/시간+동사술어+사물/사람'이다.

(1) 屋里飞进来一只小鸟。(출현문)

　　(집안으로 새 한 마리가 날아 들어왔다)

(2) 晚上下起了大雨。(출현문)

(저녁에 비가 많이 내리기 시작했다)

(3) 他们家跑了一只猫。(소실문)

(그들의 집에서 고양이 한 마리가 도망쳤다)

존현문의 부정형식은 술어동사 앞에 부정부사 '没(有)'를 붙인다. 사람이나 사물을 가리키는 명사(목적어) 앞에 수량사나 지시대명사를 쓸 필요가 없다.

(1) 最近我家没来客人。
(최근에 우리 집에 손님이 오지 않았다)

(2) 这个本子上没写名字。
(이 노트에는 이름이 쓰여있지 않다)

(3) 公园门口没停着一辆车。(×)
公园门口没停着车。(○)
(공원 입구에 차가 서 있지 않다)

(4) 前边没开来那辆车。(×)
前边没开来汽车。(○)
(앞쪽에서 차가 오지 않았다)

존현문은 술어동사 뒤에 사람이나 사물이 있어야 하며, 장소를 나타내는 어휘는 동사술어 뒤에 둘 수 없다.

(1) 很多衣服放了柜子里。(×)

(2) 柜子里放了很多衣服。(○)
(옷장 안에 옷이 아주 많이 있다)

존현문의 목적어는 일반적으로 불특정한 사람이나 사물을 나타내는 명사성 성분이다.

(1) 他的书包里装着那本书。(×)

(2) 他的书包里装着很多书。(○)
(그의 책가방에 책이 아주 많이 들어있다)

 ## '把'자문

'把'자문은 전치사 '把'와 그것의 목적어로 이루어진 전치사구가 부사어가 되는 동사술어문을 말한다. 기본형식은 '주어+把+목적어+술어+기타성분'이다.

(1) 老师把书放在书桌上。
(선생님은 책을 책상 위에 놓았다)

(2) 他把帽子摘下来了。
(그는 모자를 벗었다)

(3) 我把他的衣服洗干净了。
(나는 그의 옷을 깨끗하게 빨았다)

특정한 사물이 어떤 활동이나 동작행위를 통해 영향을 받거나 변화가 발생했음을 표시하고 싶을 때, '把'자문을 사용할 수 있다. '把'자문에서 술어와 술어 뒤의 기타성분은 다음과 같이 다양한 형식이 있을 수 있다.

(1) 你把你的脏衣服洗洗。(동사의 중첩형식)
(네 더러운 옷을 좀 빨아라)

(2) 你把你的脏衣服洗一下儿。(동사+수량보어)
(네 더러운 옷을 좀 빨아라)

(3) 他把他的脏衣服放到洗衣机里洗了。(동사+전치사구)
(그는 그의 더러운 옷을 세탁기에 넣고 빨았다)

(4) 他把他的脏衣服洗了。(동사+了)
(그는 그의 더러운 옷을 빨았다)

(5) 他把他的脏衣服洗得很干净。(동사+정도보어)
(그는 그의 더러운 옷을 깨끗하게 빨았다)

(6) 他把他的脏衣服洗干净了。(동사+결과보어)
(그는 그의 더러운 옷을 깨끗하게 빨았다)

(7) 他把洗干净的衣服收拾起来了。(동사+방향보어)
(그는 깨끗하게 빤 옷을 정리하기 시작했다)

'把'자문에서 '把' 뒤의 목적어는 특정한 사물이거나 쌍방이 알고 있는 사물이어야 한다.

 (1) 他把一本书送给我了。(×)

 (2) 他把那本书送给我了。(○)
   (그는 그 책을 나에게 선물했다)

'把'자문에서 '把' 뒤의 동사술어는 반드시 사람이나 사물을 변화시킬 수 있는 것이어야 한다. 관계를 나타내는 동사(有, 在, 存在, 是, 姓, 属于 등), 심리와 느낌을 나타내는 동사(知道, 同意, 觉得, 相信, 希望, 要求, 认识, 听见, 主张 등), 방향동사(上, 下, 进, 出, 上来, 下去, 离开, 回来, 过去 등)는 '把'자문에 사용할 수 없다.

 (1) 我把这本书属于。(×)

   这本书属于我。(○)
   (이 책은 내 것이다)

 (2) 我把考上大学希望。(×)

   我希望考上大学。(○)
   (나는 대학에 합격하기를 희망한다)

 (3) 他把楼上来。(×)

   他上楼来。(○)
   (그가 건물을 올라왔다)

그 밖에 형용사와 자동사도 '把'자문의 술어가 될 수 없다.

 (1) 他把我的衣服脏了。(×)

   他把我的衣服弄脏了。(○)
   (그는 내 옷을 더럽혔다)

 (2) 我把作业完了。(×)

   我把作业做完了。(○)
   (나는 숙제를 다했다)

일반적으로 '把'자문의 술어는 반드시 기타성분을 가져야 한다.

 (1) 我把这本书看。(×)

 (2) 我把这本书看完了。(○)
   (나는 이 책을 다 보았다)

능원동사, 부정부사, 시간명사, 시간부사 등은 '把' 앞에 두어야 하며 '把'자구와 술어 사이에 둘 수 없다.

 (1) 我把书应该还给他。(×)
   我应该把书还给他。(○)
   (나는 당연히 책을 그에게 돌려 줘야 한다)

 (2) 我把那本书没看完。(×)
   我没把那本书看完。(○)
   (나는 그 책을 다 보지 못했다)

 (3) 我把那本书今天看完了。(×)
   我今天把那本书看完了。(○)
   (나는 오늘 그 책을 다 봤다)

 (4) 我把那本书已经看完了。(×)
   我已经把那本书看完了。(○)
   (나는 이미 그 책을 다 봤다)

'把' 뒤의 동사는 가능보어를 가질 수 없다.

 我把那本书看得完。(×)

 我能把那本书看完。(○)
   (나는 그 책을 다 볼 수 있다)

일부 '把'자문은 '把'자문이 아닌 형식으로 바꿀 수 있다. 예를 들어 "把门打开"는 "打开门"으로 바꿀 수 있다. 그러나 다음과 같은 상황에서는 일반적으로 "把"자문 형식을 사용한다.

(1) 동사가 결과보어와 목적어를 가질 때
我把小王听成小黄了。
(나는 샤오왕을 샤오황으로 들었다)

(2) 술보식 복합동사가 장소목적어를 가질 때
我把电脑放在办公室的桌子上了。
(나는 컴퓨터를 사무실 탁자 위에 놓았다)

(3) 동사 뒤에 구조조사 '得'를 쓰는 양태보어가 있을 때
他把房间收拾得很干净。
(그는 방을 깨끗하게 정리했다)

五 '被'자문

'被'자문은 피동문의 일종이다. 전치사 '被', '매', '让' 등을 사용해서 동작의 주체를 끌어오는 문장형식을 가리킨다. '被'자문에서 주어는 어떤 동작을 당한다. 기본형식은 '주어(일을 당함)+被+목적어(일을 행함)+동사+기타성분'이다.

(1) 他被老师批评了。('被' 뒤에 목적어 '老师'가 있음)
(그는 선생님께 야단을 맞았다)

(2) 杯子被摔坏了。('被' 뒤에 목적어가 없음)
(잔이 떨어져 깨졌다)

(3) 墙被孩子给弄脏了。('被…给…' 형식)
(벽이 아이에 의해 더럽혀졌다)

(4) 我们都被他的话所感动。("被…所…" 형식)
(우리는 모두 그의 말에 감동받았다)

'被'자문은 일반적으로 다음의 네 가지 형식이 있다.

1. '被' 뒤에 목적어가 있는 문장(위의 예문1)
2. '被' 뒤에 목적어가 없는 문장(위의 예문 2)
3. '被…给…'로 구성된 문장(위의 예문 3)
4. '被…所…'로 구성된 문장(위의 예문 4)

'被'자문의 주어는 일반적으로 특정한 것이다.

一个小偷被警察抓住了。(×)

那个小偷被警察抓住了。(○)
(그 소매치기가 경찰에게 잡혔다)

'被' 뒤의 목적어는 특정한 것이 아니어도 상관없다.

(1) 他昨天被人打伤了。
(그는 어제 다른 사람한테 맞아서 다쳤다)

(2) 他的车被人撞坏了。
(그의 차는 다른 사람한테 부딪쳐서 고장이 났다)

'叫', '让'을 사용한 문장은 '叫', '让' 뒤에 반드시 목적어를 써야 한다.

(1) 蛋糕叫他吃光了。
(케이크는 그가 다 먹어버렸다)

(2) 孩子让人给抱出去了。
(아이를 다른 사람이 안고 나갔다)

'被'자문의 술어는 일반적으로 동사만 단독으로 써서는 안되고 동사 뒤에 기타성분을 붙인다.

(1) 他被妈妈批评了一顿。(동사+수량사)
(그는 어머니에게 한바탕 야단을 맞았다)

(2) 树被风刮倒了。(동사+결과보어)
(나무가 바람에 넘어갔다)

(3) 你要的书被我放在钢琴上了。(동사+전치사구)
   (네가 원하는 책은 내가 피아노 위에 두었다)

(4) 房间被他收拾得很干净。(동사+양태보어)
   (방은 그가 깨끗하게 치웠다)

(5) 那些东西被我卖了。(동사+了)
   (그 물건들은 내가 팔았다)

(6) 她把男朋友送的东西都仍出去了。(동사+방향보어)
   (그녀는 남자친구가 선물한 것을 모두 내다버렸다)

그러나 가능보어는 쓸 수 없다.

这些菜被他吃得光。(×)
这些菜能被他吃光。(○)
(이 요리들은 그가 다 먹을 수 있다)

'被'자문에서 술어동사 뒤에 '着'를 쓸 수 없다.

杯子被他拿着。(×)
他拿着杯子。(○)
(그는 잔을 들고 있다)

능원동사, 부정부사, 시간명사, 시간부사는 '被', '让', '叫' 등의 앞에 두어야 한다.

(1) 我的自行车没让人给偷走。
   (내 자전거는 다른 사람에게 도둑맞지 않았다)

(2) 他的自行车昨天被人给偷走了。
   (그의 자전거는 어제 다른 사람에게 도둑맞았다)

(3) 我的自行车也会被人给偷走吗?
   (내 자전거도 다른 사람에게 도둑맞을 수 있을까?)

피동의 의미를 가지고 있지만 '被'자를 쓰지 않은 문장을 의미상 피동문이라고 한다. 문장의 주어와 술어가 의미적으로 피동 관계가 명확할 때는 '被', '叫', '让' 등을 쓸 필요가 없다.

(1) 信被我写完了。(×)

　　信我写完了。(○)

　　(편지를 나는 다 썼다)

(2) 工作被完成了。(×)

　　工作完成了。(○)

　　(일이 완성되었다)

(3) 那个电影被我们看了。(×)

　　那个电影我们看了。(○)

　　(그 영화를 우리는 봤다)

 **'是…的'**

'是…的'는 강조를 나타낸다. 이미 발생했거나 동작이 완료된 시간, 장소, 방식, 조건, 목적, 원인, 대상, 도구, 동작의 실행자 등을 강조하는 데 사용한다. 일반적으로 '是'는 강조해야 하는 부분의 앞에 두며 때로 생략될 수도 있다. 기본형식은 '주어+是+시간/장소/방식/조건/목적/원인/대상/도구+동사+的'이다.

(1) 他是昨天来的，我是今天来的。(시간)

　　(그는 어제 왔고 나는 오늘 왔다)

(2) 我是从韩国来的。(장소)

　　(나는 한국에서 왔다)

　　我是在家吃的饭。(장소)

　　(나는 집에서 밥을 먹었다)

(3) 今天早上小民是坐公共汽车来的。(방식)

　　(오늘 아침에 샤오민은 버스를 타고 왔다)

(4) 他的作业是在老师的帮助下做完的。(조건)
(그의 숙제는 선생님의 도움 하에 끝났다)

(5) 他是来学汉语的。(목적)
(그는 중국어를 배우러 왔다)

(6) 他的身体不太好，听说是喝酒喝的。(원인)
(그는 건강이 별로 좋지 않은데, 듣자하니 술을 많이 마셨기 때문이라고 한다)

(7) 老师的话是对我说的。(대상)
(선생님의 말씀은 나에게 한 것이다)

(8) 他的作业是用红笔写的。(도구)
(그의 숙제는 붉은 펜으로 쓰여있다)

(9) 这个菜是妈妈做的。(행위자)
(이 요리는 어머니가 만들었다)

'是…的'구문에서 '是'는 대부분 생략할 수 있지만 다음과 같은 경우에는 생략할 수 없다.

1. 부정문일 때

    我不昨天来的。(×)

    我不是昨天来的。(○)
    (나는 어제 오지 않았다)

2. 주어가 '这'나 '那'일 때

    这他买的。(×)

    这是他买的。(○)
    (이것은 그가 샀다)

3. 원인을 강조할 때, 특히 그 원인이 행위이거나 상황일 때

    他的病抽烟抽的。(×)

    他的病是抽烟抽的。(○)
    (그의 병은 담배 때문이다)

'是…的'와 '了'는 모두 과거의 일을 나타낼 수 있다. 그러나 '了'를 사용한 문장은 알지 못하는 동작이 발생했다는 사실만을 진술하지만, '是…的'는 동작이 발생했다는 사실을 이미 알고 있다는 전제 하에 동작발생의 시간, 장소, 방식 등을 강조한다.

>他昨天回来了。(청자는 '그가 돌아왔다'는 사실을 모르고 있으며 청자에게 이 사실을 알려줌)
>他是昨天回来的。(청자는 '그가 돌아왔다'는 사실은 알고 있지만 돌아온 시간을 알지 못함)
>(그는 어제 돌아왔다)

'是…的' 중간의 동사가 목적어를 가질 경우 이 목적어는 '的' 앞에 둘 수도 있고 뒤에 둘 수도 있지만 뒤에 두는 경우가 많다.

>我是昨天去的学校。
>(나는 어제 학교에 갔다)
>我是在韩国学的韩语。
>(나는 한국에서 한국어를 배웠다)

그러나 다음의 두 가지 상황에서는 '的' 앞에 목적어를 둔다.

1. 목적어가 인칭대명사일 때
>她是在教室里找到我的。
>(그녀는 교실에서 나를 찾았다)

2. 동사 뒤에 장소목적어와 방향보어가 함께 있을 때
>他是去年回美国去的。
>(그는 작년에 미국으로 돌아갔다)
>他是一个人走上7楼去的。
>(그는 혼자서 7층을 걸어 올라갔다)

Exercises

一. 틀린 부분을 고치세요.

1. 我想暑假的时候回回国看我父母。
2. 明天我陪小张不去医院了。
3. 他让我没找你商量。
4. 教室的前面没挂着一幅画。
5. 我把作业做不完。
6. 我把父母的话没记住。
7. 他被狗不会吓哭。
8. 学生的成绩被提高了。
9. 我是去买东西的时候看到的他。

二. 괄호 안의 단어를 정확한 위치에 넣으세요.

1. 昨天我们一起坐A公共汽车去B超市买C东西D。（了）
2. 他A让我B去医院C找医生D看病。（不）
3. A我们B这儿C人是D南方人。（没有）
4. A我B把论文C写完了D。（终于）
5. 他A踢B球把C鞋踢D了。（坏）
6. A那些书B都被我C拿下来D了。（从书架上）
7. A你说的那本书B我C这学期D买的。　　（不是）

三. 질문에 대한 올바른 답을 고르세요.

1. 甲：你明天做什么？

Exercises

      乙：_____。

    A. 我去书店明天买书。

    B. 明天我去书店买书。

    C. 明天我买书去书店。

    D. 我明天买书去书店。

2. 甲：这些老师谁教你们汉语？

    乙：_____。

    A. 那个穿红色连衣裙的女老师是教我们汉语。

    B. 是那个女老师穿红色连衣裙的教我们汉语。

    C. 教我们汉语是那个穿红色连衣裙的女老师。

    D. 是那个穿红色连衣裙的女老师教我们汉语。

3. 甲：昨天你们教室里有很多人，是吗？

    乙：_____。

    A. 是的。教室后面很多来听课的学生也站着。

    B. 是的。很多来听课的学生在教室后面也站着。

    C. 是的。教室后面也站着很多来听课的学生。

    D. 是的。很多来听课的学生也站着在教室后面。

4. 甲：这学期留学生公寓的学生好像少了很多。

    乙：_____。

    A. 是啊。最近有好多学生搬走了到别的地方。

    B. 是啊。最近有学生搬走了好多。

    C. 是啊。最近有好多学生到别的地方搬走了。

    D. 是啊。最近有好多学生搬走了。

Exercises

5. 甲：我给你买的衣服呢？

   乙：_____。

   A. 我送给朋友了把它当成生日礼物。
   B. 我把它当成生日礼物送给朋友了。
   C. 我把它送给朋友当成生日礼物了。
   D. 我把它当成送给朋友生日礼物了。

6. 甲：妈妈叫那个孩子，那个孩子怎么不回头呢？

   乙：_____。

   A. 孩子的注意力已经被汽车的灯光吸引过去了。
   B. 汽车的灯光已经被孩子的注意力吸引过去了。
   C. 孩子的注意力被汽车的灯光已经吸引过去了。
   D. 汽车的灯光已经吸引过去孩子的注意力了。

7. 甲：他怎么哭了呢？

   乙：_____。

   A. 他喜欢的球队被打败了。
   B. 他喜欢的球队叫打败了。
   C. 他喜欢的球队让打败了。
   D. 他喜欢的球队被败了。

8. 甲：你吃饭了吗？

   乙：_____。

   A. 吃了，我是和王红一起在食堂吃的饭。
   B. 吃了，我是在食堂吃的饭和王红一起。
   C. 吃了，我是在食堂和王红一起吃的饭。
   D. 吃了，我吃的饭是和王红一起在食堂。

Exercises

四. 올바른 문장을 고르세요.

1. A 孩子们把故事听得很高兴。
   B 孩子们听故事听得很高兴。
2. A 老师，请您把字清楚一点儿。
   B 老师，请您把字写清楚一点儿。
3. A. 我们都被他骗了。
   B. 我们都被他上当了。
4. A. 现在他有很多书了。
   B. 现在很多书被他有了。

五. 적절한 단어를 골라 칸을 채우세요.

1. A. 被   B. 让   C. 叫   D. 给   E. 所
   他的能力已经被大家_____承认。
2. A. 被   B. 让   C. 叫   D. 弄   E. 都
   我电脑里的文件被孩子_____乱了。
3. A. 什么 B. 人   C. 东西 D. 叫   E. 都
   我现在还不清楚我的手是被_____弄破的。

六. 문장을 만드세요.

1. 大学, 美国, 去, 我, 明年, 上
2. 我妈妈, 注意, 身体, 要, 嘱咐, 我, 一定
3. 微笑, 带, 脸上, 他, 的, 着

Exercises

4. 把，写，你，错，这个字，了
5. 把，小王，回家，送，他
6. 被，他，没，发现，妈妈，看电视
7. 的，我，是，坐火车，和他一起，去

복문

 개요

복문은 둘 혹은 둘 이상의 절로 이루어진 문장이다. 이들 절은 어법과 의미 상으로 연결이 되어 완전한 의미를 표현한다. 절과 절 사이에 잠시 멈추는데 보통 쉼표를 사용해서 표시한다. 때로 하나의 문장으로 압축이 되는 문장도 있는데 그것을 긴축문이라고 한다. 긴축문은 하나의 단문처럼 보이지만 실제로는 회화에서 자주 쓰이는 복문이다.

복문에서는 상관어구가 자주 사용된다. 상관어구는 '即使…也', '因为…所以'와 같이 접속사, 부사 등으로 구성되어 있는데 복문에서 매우 중요한 역할을 한다.

(1) 他**不仅**会说汉语，**而且**说得非常流利。
(그는 중국어를 할 수 있을 뿐만 아니라 매우 유창하다)

(2) **因为**明天是国庆节，**所以**我们不上课。
(내일은 국경절이기 때문에 우리는 수업을 하지 않는다)

(3) **如果**你没有时间，我们**就**下次再见面吧。
(만약 네가 시간이 없다면 다음에 만나자)

'也', '又'와 같은 많은 부사들이 형식이나 의미상으로 상관어구와 비슷하거나 같더라도 복문에서 연결하는 역할을 하지 않는다면 상관어구라고 할 수 없다.

(1) 他怎么又写错了?
    (그는 어째서 또 잘못 썼지?)
(2) 他连一口饭也没吃。
    (그는 밥을 한 입도 먹지 않았다)

● Tips ●

'宁愿…也', '与其…不如' 등과 같은 상관어구들은 앞뒤 어구를 함께 사용해야 한다. 반면 '可见', '省得'와 같은 상관어구들은 단독으로만 사용할 수 있다. 상관어구를 사용할 때는 위치에 주의해야 한다.

일반적으로 뒷절에 주어가 있으면 상관어구는 보통 주어 뒤에 둔다.

(1) 要是天气好，我们就出去玩儿吧。(○)
    (만약 날씨가 좋으면 우리 놀러 나가자)
(2) 即使在北京找不到合适的工作，他也不想回老家。(○)
    (설령 베이징에서 적합한 일을 찾지 못할 지라도 그는 고향으로 돌아가고 싶지 않다)
(3) 尽管雪下得很大，天气却不太冷。(○)
    (비록 눈이 많이 내리지만 날씨는 오히려 별로 춥지 않다)
(4) 只要他一回来，就你给我打个电话。(×)
    (그가 돌아오자마자 바로 나에게 전화 좀 해줘)
(5) 不管你怎么说，都他要去那个地方。(×)
    (네가 뭐라고 말하든지간에 그는 그곳에 가려고 할 것이다)
(6) 除非你亲自去找他，才他可能同意。(×)
    (네가 직접 그를 찾아가야지만이 그가 동의할 것이다)

二 종류

    복문은 절의 어법과 의미간의 관계에 따라 주종복문과 연합복문으로 나눌 수 있다. 연합복문은 각 절의 관계가 평등하며, 주종복문은 주절과 종속절로 나뉜다. 연합복문으로는 병렬복문, 순차복문, 점층복문, 선택복문, 해설복문이 있고 주종복문으로는 조건복문, 목적복문, 인과복문, 가설복문, 양보복문, 전환복문이 있다.

1. 연합복문

- 병렬복문 : 孩子们一边走一边唱。
  (아이들이 걸어가면서 노래를 부른다)
- 순차복문 : 我先回家，然后再去超市。
  (나는 먼저 집에 갔다가 슈퍼마켓에 갈 것이다)
- 점층복문 : 他不但会说英语，而且说得很好。
  (그는 영어를 할 수 있을 뿐 아니라 아주 잘한다)
- 선택복문 : 你要这本书，还是要那本书?
  (너는 이 책을 원하니? 아니면 저 책을 원하니?)
- 해설복문 : 快步走有两大好处：一是锻炼身体，二是不用花钱。
  (빨리 걸으면 두 가지 장점이 있다. 하나는 신체를 단련할 수 있는 것이고 두 번째는 돈이 들지 않는다는 것이다)

2. 주종복문

- 조건복문 : 只要我喜欢，我就买。
  (나는 마음에 들기만 하면 산다)
- 목적복문 : 多穿点儿，免得生病。
  (옷을 많이 입어라, 병 나지 않게)
- 인과복문 : 因为公司很远，所以我只好每天早起。
  (회사가 멀기 때문에 나는 하는 수 없이 매일 일찍 일어난다)
- 가설복문 : 如果明天下雨，我们就不比赛了。
  (만약 내일 비가 오면 우리는 경기를 하지 않을 것이다)
- 양보복문 : 就算他亲自来找我，我也不会同意。
  (설령 그가 직접 나를 찾아온다 할지라도 나는 동의하지 않을 것이다)
- 전환복문 : 虽然我有点儿生气，但是没说出来。
  (비록 나는 화가 좀 나기는 했지만 말하지 않았다)

(一) 병렬복문

병렬복문의 절은 몇 가지 사물이나 상황, 혹은 한 가지 일의 몇 가지 방면을 설명하고 묘사하는 데 사용할 수 있다. 절들의 관계는 동등하거나 대비된다. 자주 사용되는 상관어구는 아래의 표와 같다.

동등	단독 사용	也, 还, 另外
	함께 사용	又…又, 既…又, 一方面…另一方面, 一会儿…一会儿
대비	함께 사용	不是…而是…, 不…而…, 是…不是…

(1) 从门到窗子是七步，从窗子到门也是七步。
(문에서 창문까지는 일곱 걸음이고 창문에서 문까지도 일곱 걸음이다)

(2) 我的女朋友既漂亮又善良。
(내 여자친구는 예쁘고도 착하다)

(3) 来中国留学一方面可以学习汉语，另一方面可以更好地了解中国文化。
(중국으로 유학을 오면 한편으로는 중국어를 공부할 수 있고 또 한편으로는 중국문화를 더 잘 이해할 수 있다)

(4) 他们一面聊天，一面吃饭。
(그들은 수다를 떨면서 밥을 먹는다)

(5) 他一会儿坐下去，一会儿站起来，紧张得不得了。
(그는 앉았다가 일어났다가 하면서 엄청나게 긴장을 했다)

대비를 나타내는 병렬복문은 두 개의 절이 각각 긍정과 부정의 양쪽방면에서 대비되어 설명한다.

(6) 我们不是来玩的，而是来学习的。
(우리는 놀러 온 것이 아니라 공부하러 온 것이다)

(二) 순차복문

순차복문의 절은 연이어 발생하는 몇 가지 동작이나 일을 묘사하는데 사용할 수 있다. 절들 사이에는 먼저와 나중이라는 순서가 있다. 자주 사용되는 상관어구는 다음과 같다.

단독 사용	就, 便, 才, 又, 于是, 然后, 接着
함께 사용	先(首先/起初)…然后(后来)…, 一…就…, 先…再

(1) 等天暖和一些，我们就去爬山。
　　(날씨가 좀 따뜻해지면 우리 등산가자)

(2) 晚上室友突然肚子疼，于是我们赶快把他送到了医院。
　　(저녁에 룸메이트가 갑자기 배가 아파서 우리는 재빨리 그를 병원으로 데려갔다)

(3) 他脱下衣服，接着打开冰箱。
　　(그는 옷을 벗고 냉장고를 열었다)

(4) 起初我以为他很严肃，后来发现他很幽默。
　　(처음에 나는 그가 매우 엄숙할 것이라고 생각했는데 나중에 그가 매우 유머러스하다는 사실을 알게 되었다)

(5) 老板一来，大家就都安静了。
　　(사장이 오자마자 다들 조용해졌다)

(6) 我们首先去北京，然后去上海，最后回广州。
　　(우리는 우선 베이징에 간 다음 상하이에 갔다가 마지막에 광저우로 돌아올 것이다)

● **Tips**

- '所以'와 '于是'의 차이

'所以'는 결과를 표시하며 종종 '因为'와 함께 사용되어 '因为…所以…'의 형식을 이룬다. 앞의 원인에 근거해서 어떤 결론이나 결과를 얻었음을 나타낸다. '所以'는 일반적으로 뒷 절의 앞쪽에 두지만 때로는 앞 절의 앞에 둘 수도 있으며 '(之)所以…是因为…'의 형식으로도 많이 사용한다.

(1) 因为感冒了，所以明天我不能去上课。
　　(감기에 걸렸기 때문에 내일 나는 학교에 갈 수 없다)

(2) 因为我准备得非常充分，所以这次面试很容易就通过了。
　　(나는 충분히 준비했기 때문에 이번 면접에서 아주 쉽게 통과했다)

(3) 我所以这么了解他，是因为我们从小一起长大。
　　(내가 그를 이렇게 잘 아는 것은 우리가 어렸을 때부터 함께 자랐기 때문이다)

(4) 我之所以这么生气，是因为这已经不是他第一次骗我了。
(내가 이렇게 화를 내는 것은 이번이 이미 그가 나를 처음 속인 것이 아니기 때문이다)

'于是'는 뒷 절의 앞에만 올 수 있다. 앞 절의 상황 하에서 뒤쪽의 동작행위가 만들어지며 뒤의 사건은 앞의 사건에 연이어 일어남을 표시한다. 뒷 절의 사건이 앞절의 결과인 경우가 많기 때문에 뒷절에 '了', '起来' 등이 자주 사용된다.

(1) 室友半夜突然肚子疼，于是我们连忙把他送到医院去了。
(룸메이트가 한밤중에 갑자기 배가 아파서 우리는 재빨리 그를 병원으로 데려갔다)

(2) 他们都不同意对方的观点，于是就争吵起来了。
(그들은 모두 상대방의 관점에 동의하지 않았기 때문에 말다툼이 일어났다)

(3) 我正在宿舍看书，同学来找我打篮球，于是我就跑了出去。
(내가 마침 기숙사에서 책을 보고 있을 때, 친구가 농구를 하자고 찾아왔기 때문에 나는 뛰어나갔다)

(4) 没买到飞机票，于是我只好坐火车了。
(비행기표를 사지 못했기 때문에 나는 하는 수 없이 기차를 탔다)

(三) 점층복문

점층복문은 뒷절의 의미가 앞절의 의미보다 더 나아간 것으로, 작은 것에서 큰 것으로, 깊은 것에서 얕은 것으로, 가벼운 것에서 무거운 것으로, 쉬운 것에서 어려운 것으로와 같은 순서를 취하며 상반된 순서를 취하기도 한다. 자주 사용되는 상관어구는 다음과 같다.

일반 점층	단독 사용	而且, 并且, 甚至, 更
	함께 사용	不但(不仅)…而且(还/也)…, 不但…反倒(反而)
대조 점층	함께 사용	别说… 连…, 尚且…何况(更不用说)…

(1) 这件商品的质量很好，而且很便宜。
(이 상품은 질이 좋은 데다가 아주 싸다)

(2) 这个字太难了，甚至很多中国学生也不认识。

(이 글자는 너무 어려워서 심지어 많은 중국학생들도 모른다)

(3) 她不仅人长得漂亮，而且还多才多艺。

(그녀는 예쁠 뿐만 아니라 다재다능하기까지 하다)

(4) 雨下了一天了，到了晚上不但没停，反而更大了。

(하루종일 비가 내렸다. 저녁이 되어서도 멎지 않았을 뿐만 아니라 오히려 더 많이 내렸다)

(5) 妹妹这么胆小的人尚且不害怕，何况我呢？

(여동생처럼 이렇게 겁 많은 아이도 무서워하지 않는데 하물며 나는?)

(6) 别说买电视机的钱了，现在我穷得连吃饭的钱都没有。

(텔레비전 살 돈은 말할 것도 없고 지금 나는 밥 먹을 돈조차도 없을 정도로 가난하다)

> **Tips**
>
> '不但 …而且'의 경우 주어가 동일할 때는 주어는 '不但' 앞에 두지만 다를 때는 '不但'과 '而且' 뒤에 두어야 한다.
>
> (1) 他不但非常帅而且很幽默。(주어가 동일, ○)
>
> (그는 잘 생겼을 뿐만 아니라 유머러스하기까지 하다)
>
> (2) 不但她很瘦而且很高。(주어가 동일, ×)
>
> (그녀는 말랐을 뿐만 아니라 키도 아주 크다)
>
> (3) 不但我喜欢他，而且我的家人也喜欢他。(주어가 다름, ○)
>
> (내가 그를 좋아할 뿐만 아니라 우리가족도 그를 좋아한다)
>
> (4) 不但我喜欢他，我的家人而且也喜欢他。(주어가 다름, ×)
>
> (5) 我不但喜欢他，我的家人而且也喜欢他。(주어가 다름, ×)

(四) 선택복문

선택복문의 절들은 각각 선택할 수 있는 몇 가지 상황을 제공하여 자신 혹은 다른 사람에게 선택할 수 있도록 한다. 선택복문은 아직 선택하지 않은 경우와 이미 선택한 경우로 나눌 수 있다. 자주 사용되는 상관어구는 아래의 표와 같다.

아직 선택하지 않은 경우	여럿 중에 하나를 선택	或者(或是)…或者(或是)…, 要么…要么…
	둘 중에 하나를 선택	不是…就是…
이미 선택한 경우	A를 선택하고 B를 버림	宁可(宁肯/宁愿)A也不B
	B를 선택하고 A를 버림	与其A不如B, A…还不如B, A…倒不如B

1. 아직 선택하지 않은 경우

    (1) 周末我们或者去看电影，或者去踢球，或者去KTV唱歌。
    (주말에 우리는 영화를 보러 가거나 공을 차러 가거나 노래방에 노래 부르러 갈 것이다)

    (2) 这次出差不是小王去，就是小李去。
    (이번 출장은 샤오왕이 가지 않으면 샤오리가 갈 것이다)

    (3) 这件事不是你做的，就是他做的，肯定是其中一个人做的。
    (이번 일은 네가 하지 않으면 그가 할 것이다. 분명 둘 중에 한 사람이 할 것이다)

2. 이미 선택한 경우

    (1) 孩子宁可挨批评，也不愿意说谎。
    (아이는 설령 야단을 맞는 한이 있더라도 거짓말을 하고 싶지 않았다)

    (2) 与其不懂装懂，不如直接说不明白。
    (모르면서 아는 척하기보다는 정직하게 모른다고 하는 것이 낫다)

    (3) 交通堵塞的时候打车太慢，还不如骑自行车去。
    (교통이 막힐 때 택시를 타면 너무 느리기 때문에 자전거를 타고 가는 편이 낫다)

> **Tips**
>
> • '不是…就是…'와 '不是…而是…'의 차이
>
> '不是…就是…'는 둘 중의 하나를 선택하는 것을 의미하고 '不是…而是…'는 뒷절을 선택하는 것을 의미한다.
>
> (1) 他不是一年级就是二年级的学生。(둘 중의 하나를 선택, 둘 다 가능)
> (그는 일학년이 아니면 이학년이다)
>
> (2) 他不是一年级而是二年级的学生。(틀림없이 2학년이다)
> (그는 일학년이 아니라 이학년이다)

(3) 他不是前天就是大前天出发的。(둘 중 하나를 선택, 둘 다 가능)
(그는 이틀 전이 아니면 사흘 전에 출발했다)

(4) 他不是前天而是大前天出发的。(틀림없이 사흘 전에 출발했다)
(그는 이틀 전이 아니라 사흘 전에 출발했다)

(5) 她不是小王的女朋友，就是小王哥哥的女朋友。(둘 중 하나를 선택, 둘 다 가능)
(그녀는 샤오왕의 여자친구가 아니면 샤오왕 형의 여자친구이다)

(6) 她不是小王的女朋友，而是小王哥哥的女朋友。(틀림없이 샤오왕 형의 여자친구이다)
(그녀는 샤오왕의 여자친구가 아니라 샤오왕 형의 여자친구이다)

(五) 해설복문

해설복문은 하나의 절이 어떤 상황을 설명하고 다른 절은 그 상황을 해석, 설명, 총괄한다.

(1) 打篮球可以有好几种方式：可以自己玩，可以和几个人一起玩，也可以组成两个队比赛。
(농구를 하는 데에는 여러 가지 방식이 있을 수 있는데, 혼자서 할 수도 있고 여럿이서 함께 할 수도 있으며 두 팀으로 나누어 시합을 할 수도 있다)

(2) 现在有一些年轻人不愿意出去工作，呆在家里依靠父母，真是"衣来伸手，饭来张口"，这些人常被称为"啃老族"。
(지금 일부 젊은이들은 밖에 나가 일하기를 싫어하고 집에서 지내면서 부모에게 의지하는데 정말로 '옷이 있으면 손을 뻗고 밥이 있으면 입을 벌린다'라는 말이 어울린다. 이런 사람들을 일반적으로 '캥거루 족'이라고 부른다)

(六) 조건복문

조건복문은 앞의 종속절에서 조건을 제시하고 뒤의 주절에서 그 조건이 실현된 후의 결과를 나타낸다. 조건복문과 무조건 복문이 있다. 조건이 있는 복문은 다시 '충분조건'과 '필요조건'으로 나눌 수 있다. 자주 사용되는 상관어구는 아래와 같다.

조건복문	충분조건	只要…就(便)…
	필요조건	只有…才…, 除非…才(否则)…
무조건 복문		无论(不管/不论)…都(也/总/还)…

1. '충분조건'은 이런 조건이 갖추어지면 어떤 결과가 발생하지만 다른 조건 하에서도 같은 결과가 발생할 수 있음을 나타낸다.

   (1) 衣服只要干净整齐，就会让人心情愉快。
   (옷이 깨끗하고 반듯하기만 하면 다른 사람을 기분좋게 할 수 있다)

   (2) 多说多练，汉语水平就会得到提高。
   (많이 말하고 많이 연습하면 중국어 수준은 향상될 수 있다)

   사람의 기분을 좋게 하거나 중국어의 수준을 높이는 방법은 여러 가지가 있는데, 위 예문들에서는 각각 그 중에서 한 가지만을 제시했다.

2. '필요조건'은 오직 어떤 조건이 있어야지만 어떤 결과가 나올 수 있으며 만약 이 조건이 없으면 같은 결과가 나올 수 없음을 나타낸다.

   (1) 只有你去请求他，他才会来帮助我们。
   (네가 그에게 부탁해야지만 그는 비로소 우리를 도울 것이다)

   (2) 除非得到父母的同意，我才可以去留学。
   (부모님의 동의를 얻어야지만 나는 유학을 갈 수 있다)

3. 무조건복문은 어떤 조건하에서도 어떤 결과를 만들 수 있음을 나타내기 때문에 사실은 조건이 없는 것이나 마찬가지다. 종속절은 일반적으로 의문대명사나 'V不V, S+再+也' 등의 형식을 취한다.

   (1) 无论天气怎么样，他都准时来上课。
   (날씨가 어떻든지간에 그는 제 시간에 수업에 온다)

   (2) 父母再生气，最后也会答应的。
   (부모님은 아무리 화가 나도 결국은 허락하실 것이다)

● Tips

无论(不管/不论)

'无论(不管/不论)' 등을 사용할 때 뒤에는 통상적으로 부사 '都', '也', '反正' 등을 함께 사용한다. '无论(不管/不论)' 뒤에는 두 가지 이상의 상황을 표시하는 어휘, 의문대명사, '동사+不+동사' 등의 형식이 사용된다.

(1) 无论刮风还是下雨，反正他一定会准时来。(○)
　　(바람이 불든지 비가 내리든지를 막론하고 어쨌든 그는 반드시 제 시간에 올 것이다)

(2) 不管这份工作怎么辛苦，我都会坚持下去。(○)
　　(이 일이 아무리 힘들어도 나는 계속해나갈 것이다)

(3) 不论谁说什么，我都不会改变决定。(○)
　　(누가 뭐라고 하든지간에 나는 결정을 바꾸지 않을 것이다)

(4) 不管你愿意不愿意，反正你得来参加考试。(○)
　　(네가 원하든 원하지 않든 어쨌든 너는 시험을 쳐야 한다)

(5) 无论她不漂亮，我也会和她结婚。(×)
　　(그녀가 예쁘지 않아도 나는 그녀와 결혼할 것이다)

(6) 不论他病得严重极了，我们都要想办法治好他。(×)
　　(그의 병이 대단히 심각하더라도 우리는 그를 완쾌시킬 방법을 모색할 것이다)

'只要…就'와 '只有…才'

'只要…就'와 '只有…才'는 조건복문에서 자주 사용하는 상관어구지만 양자는 차이가 있다. '只要…就'는 어떤 조건이 갖추어지면 되는데 조건이 다르더라도 동일한 결과를 얻을 수 있기 때문에 그 조건이 유일한 것은 아님을 나타낸다. 반면 '只有…才'가 제시하는 조건은 유일하며 조건이 다르면 동일한 결과를 얻을 수 없다.

(1) 只要天气好，我们就去逛街吧。
　　(날씨가 좋으면 우리 돌아다니자)

(2) 只要大家团结一致，就会战胜困难。
　　(모두가 일치단결하기만 하면 어려움을 극복할 수 있다)

(3) 只要你承认错误，大家就会原谅你。

(네가 틀렸다는 것을 인정하기만 하면 다들 너를 용서할 것이다)

(4) 只有你去请，他才会来，我们去都不行。

(네가 가서 부탁해야지만이 그가 올 것이다. 우리는 가도 안 된다)

(5) 只有带着证件的记者才允许进入会场。

(신분증을 가진 기자만 회의장에 들어갈 수 있다)

(6) 只有走这条路才能上山，没有其他路。

(이 길로 가야만 산에 오를 수 있다. 다른 길은 없다)

(七) 목적복문

목적복문에서 종속절은 행위를 나타내고 주절은 행위의 목적을 나타낸다. 목적복문은 '목적 달성'과 '상황 회피'로 나눌 수 있다. '목적 달성'은 목적을 달성하기를 희망하는 것이며, '상황 회피'는 희망하지 않는 상황이 발생하는 것을 피하려 함을 나타낸다. 목적복문의 상관어구는 모두 단독으로 사용한다. 자주 사용되는 상관어구는 아래의 표와 같다.

목적 달성	以便, 以, 好, 为了, 为的是, 是为了
상황 회피	以防, 以免, 免得, 省得

1. 목적 달성을 희망

    (1) 我这几天加班，是为了下周可以休息。

    (내가 요 며칠 동안 잔업을 한 것은 다음 주에 쉬기 위해서다)

    (2) 你把这些资料整理一下，明天好交给上司。

    (이 자료들을 정리해. 내일 상사에게 제출하기 쉽게)

    (3) 他说得很大声，为的是所有人都能听见。

    (그가 큰 소리로 말하는 것은 모든 사람이 들을 수 있게 하기 위해서다)

2. 희망하지 않는 상황을 회피

    (1) 千万不要酒后驾车，以防出现交通事故。

    (절대로 음주운전을 하지 말아라. 교통사고가 발생하지 않도록)

(2) 你带一把伞吧，**免得**过一会儿下雨就糟了。
　　(우산을 가지고 가라. 잠시 후에 비가 내리면 낭패를 당하지 않도록)

(3) 考试的时候我们应该认真仔细，**以免**出现马虎的情况。
　　(시험칠 때 우리는 진지하고 세심해야 한다. 대충 일을 처리하는 상황이 발생하지 않도록)

(八) 인과복문

인과복문에서 종속절은 원인을 설명하며 주절은 결과를 나타낸다. 인과복문은 설명과 추론으로 나눌 수 있다. 자주 사용하는 상관어구는 아래 표와 같다.

설명	단독 사용	因为, 由于, 是因为, 是由于, 因此, 因而, 所以
	함께 사용 (A는 원인, B는 결과)	因为(由于)A所以(因此)B, 之所以B是因为A
추론	단독 사용	既然, 就
	함께 사용	既然…那么(那就/就/便)…

1. '설명'은 하나의 절에서 원인을 설명하고 다른 절에서 그 원인으로 인해 발생한 결과를 설명한다. 원인과 결과는 객관적 사실이다.

   (1) 楼上的那家人大概已经搬走了，**所以**特别安静。
   　　(윗 층의 그 가족이 아마도 벌써 이사를 갔기 때문에 특별히 조용하다)

   (2) 他善良开朗，**因此**很受大家的欢迎。
   　　(그는 착하고 명랑하기 때문에 모두가 그를 좋아한다)

   (3) **因为**这些产品质量不合格，**所以**被退了回来。
   　　(이 상품들은 품질에서 합격을 하지 못했기 때문에 반품되었다)

2. '추론'은 하나의 절에서 근거나 전제를 제시하고 다른 절에서는 그것으로 결론을 추론하는 것을 가리킨다. 결론은 주관적 판단이기 때문에 사실이 아닐 수도 있다.

   (1) **由于**他勤奋努力，**因此**得到了学校的奖学金。
   　　(그는 부지런히 노력했기 때문에 학교 장학금을 받았다)

   (2) 我**之所以**留在这个公司工作**是因为**我喜欢挑战。
   　　(내가 이 회사에 남아서 일을 하는 것은 내가 도전을 좋아하기 때문이다)

(3) 既然你坚持要去，那就去吧。
　　(기왕에 네가 가려고 결심을 굳혔다면 가거라)

(九) 가설복문

　가설복문에서 종속절은 어떤 상황이 존재하거나 출현함을 가설하고 주절은 가설한 상황이 실현된 후에 만들어질 수 있는 결과를 나타낸다. 가설복문은 조건과 결과가 일치하는 것과 일치하지 않는 것으로 나눌 수 있다. 자주 사용되는 상관어구는 아래 표와 같다.

일치	단독 사용	就, 便, 那么
	함께 사용	如果(要是/假如/倘若)…(的话), 就(那么/那就)…
불일치	단독 사용	也, 还
	함께 사용	即使(就是/就算/纵然/哪怕/即便)…也(还/还是)

1. 조건과 결과가 일치할 때는 '如果(假如/倘若/要是/若要)…就(那么/那/便/那就)…' 등의 상관어구를 주로 사용한다. 구어에서는 종종 앞절에 '…的话'를 덧붙여 가설을 표시하는데, '…的话'만 단독으로 사용할 수도 있고 '如果'나 '要是'와 함께 '如果…的话, 那么…'의 형식으로 사용할 수도 있다. 이런 상황에서 가설이 성립되면 결과가 발생할 수 있다.

    (1) 时间太紧了，这次就别去故宫了。
    　　(시간이 너무 빠듯하면 이번에는 고궁에 가지 말아라)
    (2) 如果你有事不能去的话，那么让我去吧。
    　　(만약 네가 일이 있어서 가지 못한다면 나한테 가라고 해)
    (3) 假如你不当面向他道歉的话，那他是不会原谅你的。
    　　(만약 네가 그에게 직접 사과하지 않는다면 그는 너를 용서하지 않을 것이다)

2. 조건과 결과가 일치하지 않을 때는 '即使(就是/就算/纵然/哪怕/即便)…也(还/还是)…' 등의 상관어구를 주로 사용한다. 종속절은 종종 약간 과장된 상황을 열거하는데 설령 이런 과장된 상황이 사실이라고 할지라도 주절에서 말하는 결과는 변하지 않을 것임을 나타낸다.

(1) 即使天塌下来，这件事也得做下去。
    (설령 하늘이 무너진다고 할지라도 이 일은 계속 해야 한다)
(2) 就算你完全忘记了我，我也不会忘记你。
    (설령 네가 나를 완전히 잊어버린다 할지라도 나는 너를 잊지 못할 것이다)
(3) 哪怕再苦再累，我都要坚持下去。
    (아무리 힘들고 아무리 피곤할지라도 나는 계속해나갈 것이다)

(十) 양보복문

양보복문의 종속절은 어떤 상황을 인정하고 이런 상황하에서도 결과는 변함이 없음을 증명하고 설명한다. 자주 사용하는 상관어구는 아래 표와 같다.

단독 사용	就算, 纵然
함께 사용	即使(就算/就是/哪怕/纵然)…也(都)…

(1) 纵然他有千万个错误，他仍然是你的父亲。
    (설령 그가 수많은 잘못을 했다고 할지라도 그는 여전히 너의 아버지이다)
(2) 就算我已经多年没有回老家，我还是会说家乡话。
    (내가 이미 여러 해 동안이나 고향에 돌아가지 못했더라도 나는 여전히 고향 말을 할 수 있다)
(3) 即使明天下雨，运动会也要准时举行。
    (설령 내일 비가 내린다 할지라도 운동회는 제시간에 진행될 것이다)
(4) 哪怕你亲自来请我，我也不会去的。
    (설령 네가 직접 와서 부탁을 하더라도 나는 가지 않을 것이다)

● Tips

양보복문 역시 일종의 가설이라고 할 수 있다. 하지만 가설복문과 약간 차이가 있다. 상관어구가 다르다는 것 외에도 가설복문의 결과는 상황에 따라서 변할 수 있지만 양보복문의 결과는 변하지 않는다.
1. 要是天气好，我就去爬山；要是天气不好，我可能就在家休息了。

(만약 날씨가 좋으면 나는 등산을 가고 날씨가 좋지 않으면 아마 집에서 쉴 것이다)

2. 哪怕天气再好，我也要在家休息，不会出去的。

(날씨가 아무리 좋아도 나는 집에서 쉴 것이다. 나가지 않을 것이다)

(十一) 전환복문

전환복문의 뒷절은 앞절과 상반되거나 부분적으로 상반되거나 상대적인 의미를 나타낸다. 전환복문은 일반적으로 상관어구를 사용할 수 있다. 자주 사용되는 상관어구는 아래 표와 같다.

단독 사용	但是, 但, 然而, 只是, 不过, 倒, 却
함께 사용	虽然(尽管)…但是(可是/却/然而/而/还是)…

(1) 房子看起来很大，不过四个人住真的有点挤。
　　(집이 커 보이지만 네 명이 살기에는 정말 좀 좁다)

(2) 他很有钱，只是他从不乱花钱。
　　(그는 돈이 많지만 여태껏 함부로 돈을 쓴 적이 없다)

(3) 他年纪不大，看的书倒不少。
　　(그는 나이가 많지 않지만 읽은 책은 적지 않다)

(4) 尽管我一下子就认出了他，可是却不好意思去和他说话。
　　(비록 나는 단번에 그를 알아봤지만 그에게 말을 걸기가 부끄러웠다)

(5) 虽然他学历不高，但是经验丰富。
　　(비록 그는 학력은 높지 않지만 경험은 풍부하다)

(6) 虽然我给他写了几封信，然而他都没有回。
　　(나는 그에게 편지를 여러 통 썼지만 그는 답장을 하지 않았다)

三 긴축문

앞에서 간략히 소개했다시피 긴축문은 형식적으로 단문과 대단히 유사하지만 실제로는 복문이며, 구어에서 자주 사용한다. 자주 사용되는 긴축문은 다음과 같다.

1. '一…就…'(~하자마자 ~하다/ ~하기만 하면 ~하다)

    (1) 一考完试我就要回国。
        (시험이 끝나자마자 나는 귀국할 것이다)
    (2) 孩子一见我就笑了。
        (아이가 나를 보자마자 웃었다)

2. '再…也…'(더 ~할지라도 ~하다)

    (1) 雨再大也得出去。
        (비가 더 와도 나가야 한다)
    (2) 再穷也不愿去跟他借钱。
        (더 가난해도 그에게 돈을 빌리러 가고 싶지 않다)

3. '不…不…'(~하지 않으면 ~하지 않는다)

    (1) 不离家在外不知道家人的好处。
        (집을 떠나 밖에 있지 않아보면 가족의 소중함을 모른다)
    (2) 不见不散!
        (올 때까지 기다릴게)

4. '不…也…'(~하지 않아도 ~하다)

    (1) 我不去上课也会。
        (나는 수업에 가지 않아도 할 수 있다)

(2) 你不同意我也这么做。

　　(네가 동의하지 않아도 나는 그렇게 할거야)

5. '非…不可' (~하지 않으면 안 된다)

　(1) 我非骂他一顿不可。

　　　(나는 그에게 한 바탕 욕을 해주지 않으면 안 된다)

　(2) 他非去那个商店不可。

　　　(그는 그 상점에 가지 않으면 안 된다)

6. '의문대명사…의문대명사…' (~하면 ~한다)

　(1) 想说什么就说什么。

　　　(말하고 싶은대로 말한다)

　(2) 谁要去谁就去。

　　　(가고 싶은 사람이 간다)

7. '…才…' (비로소 ~하다)

　(1) 我到了以后才发现记错了地方。

　　　(나는 도착하고서야 비로소 장소를 잘못 기억했다는 사실을 알았다)

　(2) 工作努力老板才会喜欢。

　　　(일을 열심히 해야지 사장님이 좋아할 것이다)

8. '…就…' (곧 ~하다)

　(1) 我去一下就回来。

　　　(나는 갔다가 곧바로 돌아올 것이다)

　(2) 你要是有想法就说出来啊！

　　　(아이디어가 있으면 말해봐!)

9. '…也…' (~해도)

　(1) 你不说我也明白。

　　　(네가 말하지 않아도 나는 안다)

(2) 看见长辈也不知道打个招呼，真没礼貌。
(어른을 봐도 인사를 할 줄 모르다니 정말 예의가 없다)

10. '…都…'(~ 다 ~)

(1) 有什么要求都可以来找我们。
(어떤 요구가 있으면 다 우리를 찾아오면 된다)

(2) 我怎么劝他都不听。
(내가 그에게 아무리 충고를 해도 그는 듣지 않는다)

11. '…又…'(~지만 ~)

(1) 我想安慰他又不知道说什么好。
(나는 그를 위로하고 싶지만 뭐라고 말해야 좋을지 모르겠다)

(2) 我想看这个电影又没有空。
(나는 이 영화를 보고 싶지만 시간이 없다)

Exercises

一. 빈칸에 들어갈 적절한 상관어구를 고르세요.

1. 我＿＿＿听他说废话，＿＿＿回家去睡觉。
   A. 即使…也…　　　　B. 无论…都…
   C. 只要…就…　　　　D. 与其…还不如…

2. ＿＿＿你现在有多忙，你＿＿＿必须现在来我家一趟。
   A. 不管…都…　　　　B. 虽然…却…
   C. 如果…就…　　　　D. 不但…反倒…

3. 我游泳＿＿＿游得很快，＿＿＿比不上二班的小张。
   A. 不但…而且…　　　B. 要么…要么…
   C. 之所以…是因为…　D. 虽然…但是…

4. ＿＿＿你去，＿＿＿他去，总得有一个人去。
   A. 纵然…都…　　　　B. 不是…就是…
   C. 既然…就…　　　　D. 不是…而是…

5. ＿＿＿由于天气原因航班取消，＿＿＿我不会选择坐火车。
   A. 如果…就…　　　　B. 除非…否则…
   C. 既…又…　　　　　D. 既然…就…

6. 学习汉语的时候，＿＿＿要知道生词的读音，＿＿＿要了解它的用法。
   A. 不光…还…　　　　B. 只有…才…
   C. 既然…就…　　　　D. 因为…所以…

Exercises

7. 孩子们都被吸引来了，_____ 路过的大人 _____ 停下来看他们打球。
    A. 只有…才…
    B. 虽然…但是…
    C. 起初…然后…
    D. 连…也…

8. _____ 全世界的人都不理解我，我 _____ 依然要坚持下去。
    A. 纵然…也…
    B. 要是…就…
    C. 除了…还有…
    D. 只有…才…

9. 他这次在全校面前的演讲 _____ 风趣 _____ 感人。
    A. 一会儿…一会儿…
    B. 如果…就…
    C. 既…又…
    D. 只有…才…

10. 他总是 _____ 帮助别人，_____ 才想到自己。
    A. 不但…而且…
    B. 只有…才…
    C. 先…然后…
    D. 只要…就…

二. 주어진 예문을 순서에 맞게 나열해서 문장을 만드세요.

1. A : 他不愿意再重新看一遍
   B : 多练习对他有好处
   C : 尽管他自己也知道
   답 : _____

Exercises

2. A：甚至会有生命危险
   B：要是不及时治疗就会恶化
   C：这种病必须尽快治疗
   答：_____

3. A：我宁愿去死
   B：我太爱她了
   C：也不愿意和她分手
   答：_____

4. A：那个年轻人一边走
   B：一脸轻松的样子
   C：一边哼着歌曲
   答：_____

5. A：上司自己都应该先是一个好榜样
   B：而不是说一套做一套
   C：无论做什么工作
   答：_____

6. A：南方的冬天再冷也就零度左右
   B：而北方的冬天不然
   C：最冷可以达到零下三十多度
   答：_____

Exercises

7. A：法律专业很热门
   B：可是我对法律不太感兴趣
   C：还是选择其他专业吧
   답：＿＿＿＿＿

8. A：晚上往往不吃东西
   B：即使饿了也只喝点水而已
   C：最近他正在减肥
   답：＿＿＿＿＿

三. 문장을 완성하세요.

1. 暖和起来，天气，不但，了，没有，更冷，反而
2. 由于，因此，粗心大意，很多，错了，弟弟
3. 一，爸爸，孩子，要，看到，新上市的玩具，就，买
4. 要么，我，这个假期，要么，去学英语，去学画画
5. 这个汉字，尚且，何况，不认识，我们留学生，呢，很多中国人
6. 宁可，少一些，我，紧张的生活，薪水，也，过，不愿

四. 틀린 문장을 고르세요.

1. A. 新盖的教学楼既宽敞又明亮。
   B. 山上的风景令人惊喜，即使是不起眼的野花，看起来也比盆栽精神。
   C. 虽然我做了充分的准备，可这次面试还是失败了。
   D. 这件事既然不想说那你就算了。

Exercises

2. A. 大家之所以选他当学生会会长，是因为他既热情又负责。
   B. 不管找到了原因，问题就不难解决了。
   C. 由于字典帮助人们解决了很多问题，因此它被称为"无声的老师"。
   D. 路太远了，即使现在出发，天黑以前也到不了。

3. A. 这个电影不仅情节无聊透顶，演员的表演还是糟透了。
   B. 这种情况下我真的不知所措了，是听他的，还是听你的？
   C. 无论冬夏，我一有空就去爬山。
   D. 我宁愿在大城市里拼命工作，没有成功以前我是不会回去的。

4. A. 这些东西与其扔掉这么浪费，不如送给有需要的人。
   B. 或者坚持，要么放弃，你仔细考虑一下。
   C. 只要到了西藏，哪怕只住上三天，都会留下终生难忘的印象。
   D. 她果真不是个轻狂的女人，而是个有情有义的正经女人。

五. ( )속의 상관어구를 사용해서 주어진 문장을 한 문장으로 만드세요.

1. 大家都不支持我去参加选美比赛。我要去参加选美比赛。
   (不管……都……)
2. 今天晚上我不睡觉。我要写完这篇报告。(哪怕……都……)
3. 他的排球打得好。他坚持刻苦训练。(之所以……是因为……)
4. 爸爸同意我去北京。我明年会去北京。(只有……才……)

Solution

2장 품사

2절 대명사

一、틀린 곳을 고치세요.

1. 我是韩国人，我们全班同学都是韩国人。
2. 你是哪国人？
3. 谁相信他说的话啊？哪儿有这样的好事？
4. 什么好吃我吃什么。

二、빈 칸을 채우세요.

1. D   2. C、E   3. A   4. B

三、문장을 완성하세요.

1. 什么地方的苹果最好吃？
2. 他们的行李放在哪儿了？
3. 谁想去谁去。
4. 我现在什么也不想吃。

3절 수량사

一、틀린 곳을 고치세요.

1. 我妈妈今年四十多岁。
2. 昨天我买了二两桔子。
3. 我来中国已经两年多了。
4. 买火车票花了四十五块多。

5. 打工的时候我很累，天天都很辛苦。

二、빈 칸을 채우세요.

1. E   2. A   3. D   4. B   5. C

三、문장을 완성하세요.

1. 你买这件新毛衣花了多少钱?
2. 我等了你两三个小时。
3. 你有几个中国朋友?
4. 常用汉字大概有三千五百个左右。
5. 这座大楼有三百多个房间。

4절 능원동사

一、틀린 곳을 고치세요.

1. 我愿意和我的男朋友结婚。
2. 你十分钟能打多少字?
3. 喝酒以后千万不能开车啊！
4. 为了学好汉语，你要多说多听。
5. 我觉得你可以走路，也可以坐公交车。

二、빈 칸을 채우세요.

1. E   2. B   3. A   4. D   5. C

三、문장을 완성하세요.

1. 父母应该认真教育孩子。
2. 考试不及格就不能毕业。
3. 你必须先交钱才能喝饮料。
4. 天气很冷，所以要穿厚一点的衣服
5. 你一定要用汉语唱唱这首歌。

5절 조사

一、 틀린 곳을 고치세요.

1. 我喜欢这本书。
2. 我没去过中国的南方。
3. 别大声说话了！
4. 教室里的灯一直亮着。
5. 他去哪儿了？

二、 빈 칸을 채우세요.

1. E   2. A   3. C   4. B, D

三、 문장을 완성하세요.

1. 旁边那个正在喝汽水儿的就是我的男朋友。
   我的男朋友就是旁边那个正在喝汽水儿的。
2. 金大成的汉语说得非常流利。
3. 我已经丢过好几次手机了。
4. 昨天我吃了四两饺子。
5. 这件衣服他已经穿了一个星期了。

6절 전치사

一、 틀린 곳을 고치세요.

1. 老师对我笑了笑。
2. 大家对于周末的足球比赛都很感兴趣。
3. 我想往韩国寄信包裹。
4. 我跟老师学习汉语。
5. 那件事离现在有五年了。

二、 빈 칸을 채우세요.

1. D   2. E   3. A   4. B   5. C

三. 문장을 완성하세요.

1. 爷爷喜欢给我讲从前的故事。
2. 去年我在北京跟一个朋友一起住。
3. 这个方法对我的学习起了很大的帮助。
4. 我对中国的茶很感兴趣。
5. 对我来说，学汉语是一件快乐的事。

7절 부사

一. 틀린 곳을 고치세요.

1. 今天的作业不多，我一会儿就把作业写完了。
2. 他的女朋友是个很漂亮的姑娘。
3. 刚才我跟她说的话，她一会儿就忘了。
4. 我刚来一会儿。

二. 빈 칸을 채우세요.

1. E 2. A 3. D 4. B 5. C

三. 문장을 완성하세요.

1. 时间已经太晚了，我该回家了。
2. 吃什么我都没关系。
3. 他一直在长春学汉语。
4. 我再也不去那里。
5. 如果明天下雨，我们就不去公园了。

3장 문장성분

2절 관형어

一. 괄호 안의 단어를 정확한 위치에 넣으세요.

1. B 2. A 3. C 4. D 5. B

二、 틀린 문장을 고르세요.

　1. A　2. D　3. D　4. B　5. C

三、 문장을 완성하세요.

　1. 她不到一周的小孩子生病了。

　2. 小李是一个有远大理想和抱负的年轻人。

　3. 小姑娘穿着一条漂亮的蓝裙子。

　4. 他不是我要找的那个人。

　5. 他们正在执行一项领导交给的任务。

　6. 上海是中国最大的城市。
　　 中国最大的城市是上海。

3절 부사어

一、 괄호 안의 단어를 정확한 위치에 넣으세요.

　1. B　2. A　3. B　4. B　5. C

二、 문장을 완성하세요.

　1. 这里只剩下一辆汽车了。

　2. 姐姐忽然对我生气了。
　　 忽然姐姐对我生气了。

　3. 小王激动地从座位上很快地站了起来。

　4. 这件事我昨天在学校跟你谈过了。
　　 这件事昨天我在学校跟你谈过了。

　5. 关于这个宫殿，已经有五百年的历史了。

　6. 他终于再一次答对了老师的问题。

三、 틀린 문장을 고르세요.

　1. C　2. B　3. D　4. B　5. A

4절 보어

一. 적절한 단어를 골라 칸을 채우세요.
   1. (1) 下   (2) 遍   (3) 声   (4) 趣
   2. (1) 于   (2) 在   (3) 成   (4) 掉   (5) 住
   3. (1) 上   (2) 下   (3) 出来   (4) 过去   (5) 下来

二. 틀린 문장을 고르세요.
   1. C   2. B   3. A   4. A   5. B.

三. 문장을 완성하세요.
   1. 妈妈紧紧握住我的手好像要说什么。
   2. 老师走进教室来了。
   3. 我今天晚上6点之前回不去。
   4. 昨天我睡觉睡得很晚。
   5. 我结婚两年多了。
   6. 我想把这件礼物送给爸爸。

4장 문장 종류

2절 비교문

一. 틀린 곳을 고치세요.
   1. 他没有我高。
   2. 他打球打得比我好。
   3. 昨天没有今天这么热。
   4. 他的衣服的颜色和我的不一样。
   5. 我的中国朋友不如他的多。
   6. 他考得越来越好。
   7. 雨越下越大。

二、 적절한 단어를 골라 칸을 채우세요.

1. B 2. E 3. A 4. B 5. C

三、 괄호 안의 단어가 들어갈 정확한 위치를 찾으세요.

1. D 2. D 3. B 4. C 5. C

四、 질문에 대한 옳은 답을 고르세요.

1. C 2. B 3. B 4. A 5. A

五、 문장을 완성하세요.

1. 我的朋友比他的多一点儿。
2. 我跟他一样爱看电影。
3. 白天的课不如晚上的有意思。
4. 你越努力学习，成绩就越好。
5. 他比我更愿意帮助别人。

3절 특수문형

一、 틀린 곳을 고치세요.

1. 我想暑假的时候回国看看我父母。
2. 明天我不陪小张去医院了。
3. 他没让我找你商量。
4. 教室的前面没挂着画。
5. 我不能把作业做完。
6. 我没把父母的话记住。
7. 他不会被狗吓哭。
8. 学生的成绩提高了。
9. 我是去买东西的时候看到他的。

二、 괄호 안의 단어를 정확한 위치에 넣으세요.

1. A 2. A 3. C 4. B 5. D 6. C 7. B

三、 질문에 대한 올바른 답을 고르세요.

1. B 2. D 3. C 4. D 5. B 6. A 7. A 8. A

四、 올바른 문장을 고르세요.

1. B 2. B 3. A 4. A

五、 적절한 단어를 골라 칸을 채우세요.

1. E 2. D 3. A

六、 문장을 만드세요.

1. 明年我去美国上大学。

2. 我妈妈嘱咐我一定要注意身体。

3. 他的脸上带着微笑。

4. 你把这个字写错了。

5. 小王把他送回家。

6. 他看电视没被妈妈发现。

7. 我是和他一起坐火车去的。

4절 복문

一、 빈칸에 들어갈 적절한 상관어구를 고르세요.

1. D 2. A 3. D 4. B 5. B 6. A 7. D 8. A 9. C 10. C

二、 주어진 예문을 순서에 맞게 나열해서 문장을 만드세요.

1. ACB 2. CBA 3. BAC 4. ACB 5. CAB 6. ABC 7. ABC 8. CAB

三、 문장을 완성하세요.

1. 天气不但没有暖和起来反而更冷了。

2. 由于弟弟粗心大意，因此错了很多。

3. 孩子一看到新上市的玩具就要爸爸买。

4. 这个假期我要么去学画画，要么去学英语。

5. 很多中国人尚且不认识这个汉字，何况我们留学生呢！

6. 我宁可薪水少一些也不愿过紧张的生活。

四、틀린 문장을 고르세요.

1. D   2. B   3. A   4. B

五、(　)속의 상관어구를 사용해서 주어진 문장을 한 문장으로 만드세요.

1. 不管大家是否支持我去参加选美比赛，我都要去。

2. 哪怕今天晚上我不睡觉，我都要写完这篇报告。

3. 他的排球之所以打得好是因为他坚持刻苦训练。

4. 只有爸爸同意，我明年才会去北京。

丁崇明著《现代汉语语法教程》北京 ： 北京大学出版社，2009
胡裕树主编《现代汉语》，上海：上海教育出版社，1986
黄伯荣、廖旭东主编《现代汉语(增订二版)》北京：高等教育出版社，1997
黄伯荣、廖旭东主编《现代汉语》北京 ： 高等教育出版社，2002
李大忠著《外国人学汉语语法偏误分析》，北京：语言文化大学出版社，
　　　1997
李晓琪《现代汉语虚词讲义》北京 ： 北京大学出版社，2005
刘月华《实用现代汉语语法》北京 ： 商务印书馆出版，2001
刘月华《实用现代汉语语法》北京 ： 外语教学与研究出版社，1983
卢福波著《对外汉语教学实用语法》北京 ： 北京语言大学出版社，1996
陆庆和《实用对外汉语教学语法》北京 ： 北京大学出版社，2006
吕叔湘主编《现代汉语八百词》，北京 ： 商务印书馆，1999
齐沪扬主编《对外汉语教学语法》，上海：复旦大学出版社，2005
孙德金著《汉语语法教程》北京 ： 北京语言大学出版社，2002
杨庆蕙主编《对外汉语中的语法难点剖析》， 北京：北京师范大学出版社，
　　　1996

▌저자 약력

김종현 : 동아대학교 국제학부 교수, 공자아카데미 원장
黃晓颖 : 둥베이사범대학교(东北师范大学) 인문대학 교수, 대외중국어 교학 이론과 실천 전공
金晓艳 : 둥베이사범대학교 부교수, 유학생교육대학 부원장, 대외중국어 교학·현대중국어 어법·문장언어학 전공
吴长安 : 둥베이사범대학교 교수, 동북사범대학교출판사 사장, 출판언어학·의미론·어법이론 전공
王　宇 : 둥베이사범대학교 유학생교육대학 강사, 현대중국어·대외중국어 교학 전공
周小兵 : 중산대학(中山大学) 국제중국어대학 국제중국어대학 학장, 국제중국어 교재 연구개발과 양성 기지 주임, 현대중국어·응용언어학·제2언어 교학 전공
곽수경 : 동아대학교 국제학부 강사

중국어어법

초판 인쇄　2012년 02월 01일
초판 발행　2012년 02월 15일

저　　자 | 한판 중국어법교재편찬위원회
펴　낸　이 | 김미화
펴　낸　곳 | **인터북스**

주　　소 | 서울시 은평구 대조동 221-4 우편번호 122-844
전　　화 | (02)356-9903
팩　　스 | (02)386-8308
전자우편 | interbooks@chol.com
등록번호 | 제311-2008-000040호
ISBN　　978-89-94138-26-8　13720

값 : 15,000원

※ 파본은 교환해 드립니다.